# 名食決定盤

MEISHOKUKETTEIBAN

First Edition April 2020
by BOOKS OGAKI Co.,Ltd.
1-1 Koyama Nishihanaike-cho, Kita-ku, Kyoto 603-8148, Japan

Author — MORIKAWA Hiroyuki

Photographer — SHIOZAKI Satoshi
SUZUKI Kazuhiko
DAIDO Yukiyo
ASAI Norio

Editor — HIRANO Atsushi
YAMAMOTO Takahiro
NISHINO Kaoruko

Designer — IMANISHI Hisashi
Publisher — OGAKI Morihiro
Printer — New Color Photographic Printing Co.,Ltd.



ISBN: 978-4-903954-23-3 C0095

# 名食決定盤

三代目浜作店主
森川裕之

大垣書店

# 細川家のワインとゴマ豆腐

細川護熙

日本でワイン造りが本格化するのは、明治初期（一八七〇年代）、山梨県でとされてきたが、近年発見された細川家の史料（日帳）には、寛永五年（一六二八年）から寛永七年（一六三〇年）にかけて、現在の北九州市・小倉で、ワインを醸造していた記述がある。細川家が小倉藩を治めていた頃で、ワイン造りは明治以降に始まるという定説を覆すものだ。

当時の材料は、自生するノブドウ「がらみ」で、どのようなワインだったのかはわからないが、薬酒だったのかもしれない。特に注目されるのは、黒大豆を使っていたことで、黒大豆は恐らくブドウの発酵を促進させるために使っていたのではないかと思われる。

何故、細川家は、ワイン造りを始めたのか。当時の当主忠利の母ガラシャがキリシタンであったことも関係しているかもしれない。

「ワイン奉行」としてワイン造りを担った家臣上田太郎右衛門は、南蛮文化に造詣が深く、忠利に直々に登用され、記録によれば、仕込みから約二週間で仕上げたワイン二樽が江戸の忠利のもとに送られたとある。

その後、細川家が熊本へ移った後は、ワイン造りの記録はないが、キリシタン禁教令が強化されたからなのか、熊本には、よいブドウがなかったのか、その理由はわからない。

ところで細川家の古文書の中には、ワイン造りの記録と共に、もうひとつ面白い記録がある。

細川家の御料理頭（総料理長）を務めた村中乙右衛門が享和三年（一八〇三年）にまとめた料理秘伝書「料理《りょうり》方《がた》秘《ひ》」で、ほとんどの大名家では戦災などで資料が焼失したりして、これほど詳細な料理の記録は残っていない。

二百五種のレシピが記されているが、その中で特に目に留まったのは、私の大好きなゴマ豆腐で、その作り方は以下の通りだ。

胡麻とふふ　えにしとふふ共言

右白胡麻壱升水ニ暫く炊擂鉢ニてとき候へハ皮落候　其時水余斗ニ入皮はへ取右之こま器ニ入ひたく水にして挽臼にて挽右之水を挽水ニして度々漉くす三合五勺程入指の爪の上ニ一滴落しちり不申時かけん能候、其時鍋ニ入焼立器ニ入醒置出候節鍋ニあんはい到置貝からの杓子を以貝形ニすくひ下地ニ焼置継出候　右之下地煮立候へハねり葛に成候間工夫可有之候

砂糖や塩の調味料も昆布などのだしも使わない胡麻のうま味だけで味わうシンプルな胡麻豆腐である。乙右衛門が書き遺した胡麻豆腐のレシピは、三斎や忠利が食べていたものに違いない。

ところで胡麻豆腐と言えば、京都祇園の「浜作」のカウンターに腰かけて、いつもすべての料理を大満足で頂くのだが、なかんずくご主人が手がけていただく、ゴマ豆腐に感動する。そこで思いついたのだが、浜作さんにもいつか是非このレシピで作っていただき、味わうことができたらいいなぁと。

なんといってもご主人は、料理から豊かな音楽へと言葉をつむぐ人である。料理人でありながら音楽については オペラ、ジャズ、クラシックひいては歌舞伎、文楽、伝統芸能に至るまで、まさにマエストロと呼ぶに値する粋人中の粋人である。だから、ご主人ならきっと、このレシピに託された深い味わいを引き出していただけるだろうと楽しみにしている。

［奥］細川護煕先生自作の粉引きの手塩 ［手前］魚形箸置

# 至福のひと時

## 二代目　中村吉右衛門

ぎをん浜作さんとのお付き合いは、私の養父、初代中村吉右衛門と今のご主人のお祖父さまの時代に始まって、浜作さんの三代、私の家も三代にわたってお世話になっております。

私が子供の頃、浜作さんのお店は祇園富永町にあってお隣に「吉つや」さんというお茶屋さんがありました。戦後顔見世に出演するにもホテルや旅館は営業しておらず、ホテルなどは確か外国人専用になっていたと記憶しています。そんな訳で暮れの顔見世での宿に困っておりました所、その吉つやさんが初代を引き受けて下さいました。お茶屋さんに寝泊まりするなど私共には考えも及ばない事ですが、吉つやさんのおかあさんの度量の大きさと初代の人気の高さに未だに畏れ入っております。吉つやさんにはもちろん実父の八世松本幸四郎も、兄も私もお世話になりましたので、お隣の浜作さんにも代々お世話になっております。その中でも私は現在孫同士と云いますか、心易さに甘えてご主人にはことの外ご面倒をおかけしております。

かれこれ七十年近く浜作さんに通っているかと思いますが、最近では長年慣れ親しんでいるお料理はもちろん、音楽の話をカウンター越し伺うという至福の時になっています。コンダクターも歌手もピアニストも、往年の歌舞伎役者になぞらえてその芸質を解説してくださるのが、彼一流なのです。

「料理は包丁の使い方、吸い物の味付けの仕方など技術的裏付けがあって初めてモノが言える。人をしてあ美味しかったと唸らせしめる即物的な切り口こそ本来最も重要とされるべきもの」と書かれています。この文は私の様な頭でっかちな役者にとって何よりの教示です。そのような素敵なことをお書きになられる森川さんに私は理想の役者像を観ます。彼はあくまで職人《アルチザン》として料理を造るのであって、芸術家《アーティスト》を気取って造るのではありません。しかし、その作品は高度に円熟したものです。私

はそれを目指したいと思っておりますが、なかなか出来るものではありません。

浜作さんに精々通って彼の心のベートーベン交響曲第五番「運命」に触れながら、私が少年の頃母に連れられて観たヌーヴェルヴァーグ『死刑台のエレベーター』で流れたマイルス・デイビスのペットが共鳴する事を願っております。

［奥］川端龍子画『山帰来』［手前］魯山人造『赤えび絵鉢』

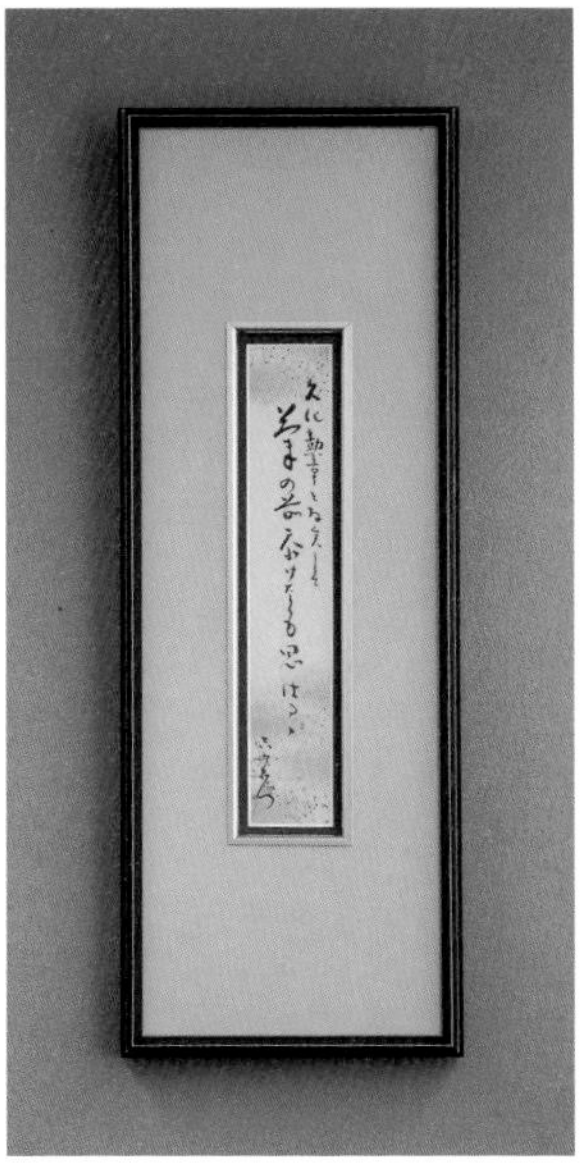

昭和26年初代が文化勲章受章の際の一句
『菊の前かたじけなくも思わるる』

# 「浜作」さんのこと

## 檀 ふみ

「浜作」さんこと森川裕之さんに初めてお目にかかったのは、十年ほど前、京都の名妓がなさっておられるバーだった。

隅の方にいらした蝶ネクタイをした男性が、やたらとイイお声で歌われたことをはっきりと覚えている。その場で名刺をいただいて、「浜作」のご主人であることを知った。

名刺を下さった手は、ふっくらと白く、柔らかそうで、働く人の手には見えなかった。きっと「主人」とは名ばかりで、お店は誰かに任せ、夜の京都でカラオケ三昧なのだろう。

ほどなくして、それまで全然ご縁のなかった「浜作」に、テレビ番組の取材で訪ねる機会を得た。

その時、目の前で作っていただいた、「伊勢海老の湯葉あんかけ」に、私は自分の不明を恥じた。浜作さんの手は、まさに、料理をするためのものだったのである。美しい音を紡ぐ名ピアニストの指先が、決して硬くないように、料理を美味しくし、美味しく見せるために、浜作さんの手は白く、柔らかいのだ。告白すると、それまでいっぺんも美味しいと思ったことがなかった伊勢海老に、私は初めて感動し、悶絶した。

といっても、私は決してグルメではない。食は細いし、鼻もきかない。しかし、なぜか周りにグルマンが多く、その人たちに引きずられるようにして、美味しいものにありついている。

本書にも登場する、「恐るべきお素人」のそば打ち名人がそうだし、「ワイン王国」の原田さんもしかり。テレビ番組の取材からそう日を置かずして、そういう方々と、「浜作」の暖簾をくぐった。

とにかく、「浜作」さんの料理は、否応なくみんなを唸らせ、ねじ伏せ、以来、グルマン軍団の「浜作」詣でが始まった。

料理だけではない。その語り口がまた見事なのである。歌舞伎についてはもちろん、古典芸能全般に詳しく、祇園町を知り尽くし、京都のお生まれながら、京都人を遠望する視野をお持ちなのだ。

「浜作」でお料理をいただく時はかならずメモ帳とペンを手もとに置くことにしている。レシピを書き留めるためではない。森川さんの口からこぼれ落ちる、数々の名言、ウンチク、豆知識を、少しでも拾い集め、そのひとかけらでも自分のものにしてみたいからである。

なんでもよくご存知だが、なかでも、クラシック音楽に対する、愛と造詣の深さには、一方ならぬものがある。

何かの折に私が、ラン・ランの弾くベートーヴェンのピアノ協奏曲第四番にあわせて体操をしていると漏らしたことがあった。しばらくして森川さんから、トスカニーニ指揮、ゼルキン演奏のCDが送られてきた。体操の伴奏といえども、最上のものを使ってほしいという、願いが込められていたのだろう（残念ながら、そちらの演奏はあまりにキレがよすぎ、体操には使えなかった）。

美味しいものを食べた時の、あの陶然とした感じと、素晴らしい音楽を聴いた時の恍惚感は似ていると、私は思う。きっと、同じところが刺激されるのだ。

だから、食べることに興味を持たない音楽家を、私は信用しない。きっと、「浜作」さんの音楽に対する傾倒も、料理人としての素晴らしい資質に違いない。

もう一つ、「色」の道にも同じような恍惚感が伴うのだろうが、それを言い始めると、いろいろ差し障りが出てきそうなので、この辺で筆を擱くことにしたい。

残念でならないのは、「浜作」さんこと、森川さんの傑物ぶりを、私の能力では、音楽に喩えられないことである。

河井寛次郎造『三彩扁壺』

# はじめに

初代 森川栄と女将ふく

山路を登りながら、こう考えた。

智に働けば角が立つ。情に棹させば流される。意地を通せば窮屈だ。とかくに人の世は住みにくい。

住みにくさが高じると、安い所へ引き越したくなる。どこへ越しても住みにくいと悟ったとき、詩が生まれて、画ができる。

人の世を作ったものは神でもなければ鬼でもない。やはり向こう三軒両隣りにちらちらするただの人である。ただの人が作った人の世が住みにくいからとて越す国はあるまい。あれば人でなしの国へ行くばかりだ。人でなしの国は人の世よりもなお住みにくかろう。

越す事のならぬ世が住みにくければ、住みにくい所をどれほどか、寛容《くつろげ》て、束の間の命を、束の間でも住みよくせねばならぬ。ここに詩人という天職ができて、ここに画家という使命が降る。あらゆる芸術の士は人の世を長閑《のどか》にし、人の心を豊かにするが故に尊い。

これは、夏目漱石の「草枕」の冒頭の文章であります。私が初めてこの文章に出会いましたのは、中学生のときであります。その時はこの文章のもつ真の意味など分かろうはずはありません。大学生になって読み返したときも、分かったつもりでおりましたが、まだまだ中途半端な理解でしかありませんでした。私も五十五歳を過ぎ、人生の折り返し地点はとうに越えております。この頃やっとこの文章の持つ偉大さが、しみじみと分かってきたような気がいたします。漱石らしい皮肉で洒脱な物言いの中に、芸術というものの本質が力むことなく鋭く言い表されております。この点において音楽はもちろんのこと、誠に烏滸《おこ》がましゅうございますが、私が携わる料理についても同じことが言えるのではないでしょうか。音楽は聴覚を通じて、料理は味覚を通じて、もちろん視覚も大事な複合要素でありますが、何らかの神経伝達物質を脳に送り、そこでドーパミンやセロトニンが発され、我々に幸福感を与えてくれます。もちろん内容が良質で素晴らしいものであるという事が必要不可欠なのは言うまでもありません。

私は本当に、日常生活の中で、音楽がないと生きていけません。数ある芸術の中で、それぐらいの特別な位置を占めるものであります。ジャンルも多岐に渡り、クラシック（オペラ、バレエも含む）、ジャズ、ポピュラー、ミュージカル、映画などによるスタンダードの数々、シャンソン、カンツォーネ、ボサノバ等々の洋楽、また一方では長唄、義太夫、常磐津、清元、浪曲、懐メロ等々の邦楽までと、ありとあらゆる音楽に深い興味を抱いて参りました。その中でも不思議な事に、何故か全く関心を持たなかった分野もあります。それは、ビートルズを含めた所謂ロックと呼ばれる分野であります。本書に取り上げております音楽は、ほとんどがクラシックで、少しがジャズの名曲の数々であります。

私の音楽遍歴は小学校五年生のとき、音楽好きな担任の先生の影響で、初めて当時の京都会館で、山田一雄指揮による京都市交響楽団のベートーヴェンの「第九」を聴いた日から始まります。それまでは家にあるステレオで父親が集めていたイ・ムジチ合奏団演奏によるヴィヴァルディの「四季」（当時ベストセラーだった）や、シューベルトの歌曲名曲集などのレコードを聴いてはおりましたが、百人を超える大編成のオーケストラや合唱団による生演奏に接したことは十一歳の私にとり生涯忘れられぬ圧倒的な衝撃でありました。それから中学に上がっても今のように簡単にインターネットで音楽を取り込めるわけでもなく、お小遣いを何か月も貯めてやっと手にする一枚のＬＰレコードがどれだけありがたいものであったか、レコード屋さんで一枚を選び帰宅してすぐさま二階の自室へ駆け上がり、レコードプレーヤーのスイッチを入れ、針を落とすまでのワクワクした期待感を未だ忘れることはありません。初めて自分で買

ったレコードは、カール・ベーム指揮ベルリン・フィルハーモニー管弦楽団によるモーツァルトの交響曲第四十番と第四十一番「ジュピター」の演奏でありました。次にお小遣いを貯めてレコードが増えるまで、学校から帰ってまず、あまりにも有名なこのト短調の冒頭の旋律に入り浸る日々が続きます。一日に五回も六回も繰り返し聴くのですから、通学の電車の中でも頭の中ではこのト短調やジュピターの冒頭が鳴り続けている訳であります。感受性豊かな十二、三歳の少年にとっては、実に刺激的なその頃の数年間が大きく影響し、その後四十年を超えて人生の最良のパートナーとなる為の礎となりました。東京の大学へ行こうと思ったのも、まず第一に、京都よりは東京の方が圧倒的に演奏会の数が多いということであります。第二の理由は、歌舞伎座や国立劇場で毎日歌舞伎が観られるということです。学生の本分からいたしますと、誠に不相応でけしからん話だとお思いになるでしょうが亡くなりました親父にも「おまえは趣味や遊びのために東京の大学へ進学するのか。そんなことは自分で給料を稼いで甲斐性ができてからするものだ。とんでもない了見だ」と、一喝されたものであります。しかしながら本当に音楽と歌舞伎のこの二つだけは、寝食を忘れてという表現が最も相応しいほどのめり込みました。不謹慎ながら大学の授業で学んだことは何一つ記憶に残っていませんが、歌右衛門（六代目）や鴈治郎（二代目）、幸四郎（八代目）、勘三郎（十七代目）、梅幸（七代目）などの名優たちの珠玉の舞台、ホロヴィッツやカラヤン、クライバー、バーンスタインなどの名演奏は今も脳裏の奥深くにしっかりと刻み込まれております。あの時代の日本で言うところの、明治や大正生まれの大名優や大巨匠の芸術を生で拝見できたことは、私の最も誇りとするところであります。その体験が料理人としての私の歩む道を定義づけ、またその目標到達点をも示唆してくれております。

分け登る　ふもとの道は　違えども
同じ高嶺の　月を見るかな

一休宗純

名優やマエストロは演技や演奏で観客を感動させなければなりません。私どもは、それをお料理で表現せねばなりません。全く分野は違いますが、目的はこの一点に尽きます。同じショパンのノクターンを聴いても、ホロヴィッツやアルゲリッチ、ルービンシュタインの演奏には、涙が出るほど感動しますが、同じ譜面を使い同じスタインウェイの名器を使った演奏にも拘わらず、他のピアニストが弾くと何故感動しないのか。この違いをある程度まで理論的に説明することは可能でありましょうが、しかしその答えが及ぶべき範疇は所詮五割にも満たず、後の半分以上は全く言葉では言い表せない領域だと私は思います。この朦朧としながらも堅牢で、深く不明朗なこの部分こそ名人上手が芸術家たる正体と呼べるものであります。聴けば聴くほど、観れば観るほど、その古典音楽の世界は山脈のように聳え立ち、二、三十年ぐらいのキャリアでは微動だにしません。仮に、ブラームス一人に絞ったところで、その深さはマリアナ海溝のごとく底を認識することさえも凡人の一生では叶いません。私の拙い音楽遍歴ぐらいでは、到底皆様にご披露いたす資格を有しませぬが、稼業の料理との共通性を我が奇天烈な想像力を以って結びつけ持論を展開していこうと存じます。読者の皆様方にはお座興のつもりでご寛容の沙汰をお願い申し上げる次第であります。

かと言って、昨今の料理界における改革「料理は芸術だ」というような、所謂芸術至上主義の風潮には甚だ違和感を持っています。あくまでも、料理は包丁の使い方、吸い物の味付けの仕方など技術的裏付けがあって初めて物が言える訳でして、芸術家を気取って頭でっかちにその精神的な背景や世界観を前面に出すべきものではありません。人をして、ああ美味しかったと唸らせしめる即物的な切り口こそ、本来最も重要とされるべきものであります。あくまで料理人は「アルチザン（artisan）＝技術者」であって、「アーティスト（artist）＝芸術家」ではないと私は思っております。

今回ここに取り上げますそれぞれのお店の一品を深く認識すればするほど、レパートリーは横に広がっていくのではなく、年々狭く少なくなり、その代わり縦に奥深くなるというのが、本来の我が国における伝統のあるべき姿だと確信いたしております。

京ぎをん
三代　浜作裕之

目次


細川家のワインとゴマ豆腐　細川護熙 …… 4
至福のひと時　二代目　中村吉右衛門 …… 6
「浜作」さんのこと　檀　ふみ …… 8
はじめに …… 10
1 — My Favorite Things…私のお気に入り …… 16
2 — 本当の京風とは… …… 20
3 — 丼について …… 26
4 — 洋食について …… 32
5 — 水菓子とは …… 38
6 — 西を見て、東へ進む …… 44
7 — 川端先生のベーコンエッグ …… 48
8 — お素人恐るべし …… 52
コラム（音楽の話） …… 55
9 — 森嘉のお豆腐 …… 58
10 — お雑煮と二種の違い …… 62
11 — おこわとすっぽん …… 68
12 — ウィーンのジャム …… 74

13 京舞と春巻 …… 77
14 鰻とブラームス …… 80
15 フルーツポンチと「メントリ」 …… 84
コラム（河井寛次郎先生の器） …… 87
16 夏はお茶漬け …… 90
17 酸っぱくないトマトサラダ …… 94
コラム（芦屋ピアノサロン） …… 98
18 板わさとソナタ …… 100
19 トンカツ一代 …… 104
20 上方の塩昆布　江戸の佃煮 …… 108
21 お味付けは、交響楽 …… 112
コラム（我が青春の歌舞伎） …… 116
22 ステーキは、ヴェルディ・バリトン …… 118
23 重厚なる透明感 …… 121

「浜作」主人のこと　田口章子 …… 124
うつわのご紹介 …… 126
掲載店舗一覧 …… 133
あとがき …… 134


※本書で使用している器につきましては、本書のテーマの一つである料理のご紹介のために著者が準備したものであり、実際にお店でお出ししている器とは異なります。

# 1

# My Favorite Things…私のお気に入り

もし私が無人島での生活を余儀なくされ、持参できるCDを一枚だけ選ぶとすれば、それはジョン・コルトレーンの『My Favorite Things』であります。今までの人生の中、苦しい時、悲しい時、すなわち何か壁にぶち当たった時、いつもこの曲が奮起を呼び起こし、どれだけその音楽の持つ熱情によって救われたか知れません。まさに私にとっての人生の応援歌であります。

この曲は皆様よくご承知のリチャード・ロジャース作曲、オスカー・ハマースタイン二世作詞の一九六六年度のアカデミー賞作品賞を受賞したミュージカル映画の傑作『サウンド・オブ・ミュージック』の中で、ジュリー・アンドリュースが歌う有名なナンバーであります。歌詞の内容は自分の大好きでお気に入りのものを軽快であって単純なリズムの繰り返しによって羅列するという、誠に斬新なアイデアに満ちた曲であります。それに曲想を得て不世出のジャズ・サックス奏者のコルトレーンがアレンジし、特にこの曲に限って手馴れたテナーサックスを敢えて高音域なソプラノサックスに持ち替え、あの独特の音楽世界を展開しております。冒頭の数小節を聴いただけで一瞬のうちに異次元に引き込まれるような、魔力を持っております。そこで今回はこの曲のように、私が愛してやまない本当に好きなものを、誠に手前味噌なが

・河井寛次郎造　籐手付き辰砂鉢
・仏 時代サン・ルイ　リキュールセット
・河井寛次郎造　黄彩丸皿

らご披露申し上げたく存じます。

まずはサンドウィッチに焦点を当てます。お年寄りからお子達に至るまで全国津々浦々、最も身近でお手軽なこのサンドウィッチは、もはや〝国民食〟と言うことができるのではないでしょうか。もちろん一番身近なものはご家庭でお作りになるホームメードのそれであることに変わりはありませんが、飛躍的に消費量が増えたのは良くも悪くもコンビニでのサンドウィッチの出現ではなかったでしょうか。

高級ホテルの贅沢なサンドウィッチに出会う機会もときたまございましたが、私の学生時分までは、所謂、喫茶店でコーヒーや紅茶とともに注文するというのが、最もポピュラーにサンドウィッチに接する機会でありました。

私の生涯での最高のサンドウィッチは、ロンドンのドーチェスターホテルにおいてのハイティー（アフタヌーンティー）で出された、スモークサーモンとクリームチーズ、それにキューカンバーサンドウィッチの組み合わせのものでございました。

具材が豪華で立派だからといって、即ちそれが最上の結果を生むとは限りません。サンドウィッチの難しいところは、パン・具材それぞれがしっかりと自己を確立しながらもその二つが合体することによって生まれる〝相乗〟に他なりません。その絶妙なるバランスによって両者が渾然一体となり、味【メロディ】といい、食感【リズム】といい、後味【調性】といい、極めて心地よいハーモニーが生まれねばなりません。

その点において、私が上京する度に京都へのお土産に買い求める「赤トンボ」さんのサンドウィッチがまず市販のものでは一等、群を抜いております。特にこのお店のボンレスハムのサンドウィッチはその一ミリも崩さずカットされた、極めて端然とした佇まいと共に、具材とパンの割合が完璧であります。また独特の密封包装により、京都に持ち帰りましてもパンはしっとり柔らかいままであまり劣化いたしません。

大阪の船場・淡路町に上方寿司で有名な「吉野鮓」さんという老舗がございます。ここの箱寿司はこれまた具材と飯の割合が絶妙で、その凝縮された完成度は「二寸六分の懐石」と京・大阪で賞賛されております。これと全く共通した世界がこのサンドウィッチの中に構築されております。まさに見事な職人技であります。

お江戸と大阪、洋と和、本来は全く異なるオリジンから生まれたこの二つの名品が長年においてお客様の支持を得、ロングセラーを続けられていることを思う時、その慎ましい雄姿に私はいつも敬意を払い、また「料理は単純な方が良い」という小林秀雄先生の至言を心に刻むものであります。

・河井寛次郎造　辰砂梅鉢茶碗
・河井寛次郎造　水色海鼠鉢
・河井寛次郎造　海鼠釉六角小皿

# 2

# 本当の京風とは…

十代、十五代、創業百年、百五十年を超える立派な老舗が軒を連ねる京都において、私で三代を数えます「浜作」は、近頃やっと老舗の仲間入りをさせていただいたようなもので、日本最初の板前割烹として昭和が始まると同じく産声を上げ、まだ九十年を数えるだけの、京都では、謂わば新参者でございます。

それまで高級料理は、あらかじめ料理場で作ったものを別空間である御座敷でお客様にお召し上がりいただくという、所謂「料亭」しかない時代に、創業者である私の祖父・森川栄が調理過程をお客様の目の前で全て御覧に入れ、そのままカウンターで出来上がりをお召し上がりいただくという、今日ではスタンダードとなり得ました「板前割烹」を創案いたしました。

保守的な京都においては、まさしく大阪からの殴り込みのようなもので、その斬新なスタイルは画期的であり料理界の一大革命であったと思います。二代目である私の父も私自身も、祇園町生まれの祇園町育ちとして生粋の京都人を気取ってはおりますが、実は我が「浜作」の原点は大阪の船場にございます。

全国各地の繁華街に「○○銀座」が点在いたしますように、近頃「京風フレンチ、イタリアン」「京風ラーメン」「京風スイーツ」など何かにつけて冠に「京風」を掲げる摩訶不思議な品々が横行いたしております。その出自のせいか、私は所謂「京風」なるものを常に斜めからの目線（懐疑的客観性）で見てまいりました。

即ち「京風、京風と言うけれど、一体何が京風なのか」という、京都で商売をする者にとっては全くもって重大かつ素朴な疑問を持ち続けていたということであります。

皆様が「京風」について抱かれる第一のイメージは、まず「雅やか」「お上品」、お料理について言えば「薄味」「見た目の

・竹内栖鳳画第1回文化勲章受章記念
朱塗金彩菖蒲絵大盆
・永楽妙全造　染付葉皿

・富本憲吉造　色絵白雲悠々字皿

懐石 辻留

彩りが綺麗」等々といったところではないでしょうか。これらは、初めは実態があってそれに伴うイメージができあがったのでしょうが、現在ではその「京風」というイメージに基づいて新たなる商品を考案してそれが実態となるという全く真逆の方程式となっております。

お料理や食べ物というものは、まずその土地の空気、水、素材、作り手、全てが密接に関係して初めてその風土色と申しますか、土地柄と申しますか、自ずからその存在を示す色合いを放つものであります。従ってここでは、前者である正統なる「京風」を三つのジャンルで代表する逸品をご紹介いたします。

世界各国、その時々の権力者、それに連なる特権階級や有産階級なくして、文化の豊かな熟成は決して成し得なかったものであります。我が国ではもちろんそのヒエラルキーの頂点にありましたのが皇室であります。数々の和菓子の名店が覇を競う京都でも「川端道喜」さんだけは誠に別格であり、禁裏御用を司られて五百年、今でも京都御所には「道喜門」という専用の通用門があるくらい、皇室とは長い信頼関係を築いてこられました。その粽《ちまき》の製法は一子相伝、喩えて言うなら、ガラパゴス諸島における生態系のように「京風」の遺伝子を純粋培養なさって、今日までその正統なる実態を伝えられております。

次は、寺町二条「村上開新堂」さんのみかんのゼリー「好事《こうず》福盧《ぶくろ》」でございます。明治維新の遷都により、権力の中枢が東京へ移ってしまいました。その代わりに文明開化により京都にも西洋化の波が押し寄せ、意外にも新しいもの好きで、進取の精神を持ち合わせております京都の町には、全国に先駆け、西洋料理店や西洋菓子店が現れました。その嚆矢と言えるのが「村上開新堂」さんであります。いかにも明治を思わせる店構えとともに、根底に京都の菓子文化を感じさせる、本来の和洋折衷の結晶とも言えますものがこのゼリーでございましょう。

寺社とともに明治以降その文化を形成する頂点となっておりますのが、お茶の三千家さんでございます。「千家十職」をはじめ、各お家元のお出入りとなりますことは、その道を歩みます者といたしまして最高の格式と名誉を誇るものであります。三つめは、裏千家さんのお出入りである「辻留」さんの折詰弁当でございます。言うまでもなく、きっちりとお仕事をされた季節の肴はセンス良く盛り付けられ、その端正な佇まいは微塵の押し付けもなく、心地よい満足感を与えてくださいます。

この三品のような域に達しますと、味が薄いだとか量がどうだとか、そういった通俗の価値観を一切寄せ付けない、確固たる格調が具わっております。三品が共有する研ぎ澄まされた「淡味清麗」な味こそ、現在に至るまで「京風」なるものをイメージさせる元来のエッセンス（精髄）ではなかろうかと私は思っております。

前章はコルトレーンの『My Favorite Things』を取り上げましたが、私は本書の冒頭にも記しましたように、ジャズにも増してクラシック音楽狂いでございます。この三品を音楽に喩えますと、まず念頭に浮かびますのが、モーツァルトのピアノ協奏曲第二十番第二楽章のあの有名な第一主題でございます。澱みなく、決して涸れることのない、かと言って急ぐわけでもなく、悠々滔々たる流れを保ち続ける清流の、我々京都人にとっては、「鴨川＝清流」のようなこの旋律は、あくどい作為や刺激とは全く無縁のものであり、まさに味覚の上ではこの三品こそ、その完成度を共有するものであります。市中を貫く鴨川の流れは我々京都人にとり、最も身近な川というもののイメージであります。「鴨川や　流れも清き　千鳥棲む」これは京都を代表する醸造酢の老舗である「千鳥酢」さんの宣伝コピーであります。まさに京都人が何か物を作ろうと思うとき、脳髄の奥に潜在する鴨川の清流のこのイメージが、必ずや何らかの影響を与えていると私は思うものであります。こういう本物に出会ったとき、我々俗人は初めて心洗われるという実感を持つものであります。

# 3　丼について

「丼」という文字から受ける第一印象は、字面といい語韻といい実に飾りっ気がなく純朴なものであります。皆様ご承知の通り、どんぶりを漢字で表記すると「丼」という字になります。今ではごく一般的で馴染みの深い字面ではございますが、何故井戸の「井」の中にチョボなのでございましょうか。諸説ある中、私が最もなるほどと合点いたしましたのが次の説でございます。すなわち、井戸の中に何か石のようなものを投げ込んだ時に「ドボン、ドボンリ、ドンブリ」と音が響きます。そこから「丼」という擬音語の字が生まれました。

江戸時代に「慳貪《けんどん》振《ふ》り鉢《はち》」と名乗り、大振りの鉢におかずと一緒にご飯を一膳盛り切りで提供した、今で言うところの定食屋のような店が出来ました。元々「慳貪」とは「ケチ」を意味する言葉でございますが、それを看板にしたこの店は、ごく簡単で手っ取り早く、また腹持ちも味も良かったところが江戸の庶民に評判を呼び、「慳貪振り鉢」を縮めて「どんぶり鉢」…「どんぶり」という名称が定着するに至ります。そこでその語韻から「丼」という字に繋がったということでございましょうか。

ご案内の通り、この「丼」という日本独特の食べ物は、簡便で手っ取り早いが、どこか野暮ったく庶民的なものとされております。またその写真うつりもパッとしないものですから、あまりプロの料理人が取り上げることのなかったものでございます。しかしながら、この「丼」が、お米を主食とする日本人にとって最も身近な食べ物であることは紛れもない事実であります。そこで平成二十七年に、一冊まるごと丼だけを取り上げた『和食の教科書　ぎをん丼手習帖』（世界文化社）という本を出版いたしました。

その本を作るにあたりまして、記憶を辿り今までに作ったことのある丼を列記いたしましたところ、意外にも百を超えることが分かりました。すなわち、敢えて意識することがなかっただけで、皆様におかれましても長い人生の中で、実に多くの「丼」という品物にお出会いになっているということでありましょう。故に知らず知らずの内に、外食のローテーションにおいての確固たるレギュラーの地位を獲得しているということであります。懐石やフレンチのフルコースのように、順番に何品かを組み合わせてお献立のハーモニーを奏でるものではありません。一編の短編小説のように、一杯の丼鉢の中で全てが完結せねばなりません。従ってそのしっかりとした味付けのメロディラインが、一口目から食べ終わるまで絶えず食欲を喚起せしめなければなりません。

例によりまして音楽に喩えますと、クラシックにおきましてもジャズにおきましても、一時代を画した大巨人の演奏というものは、冒頭のワンフレーズを聴くだけで、「あっ、これはマリア・カラスの声だ」とか「これはトスカニーニの演奏だ」とかということがすぐに判別できます。ジャズ・ビバップの巨星チャーリー・パーカーのサックスなどが第一の典型であります。『I Can't Get Started』にしろ『Lover Man』にしろ、聴き

馴染んだ曲がチャーリー・パーカーの手に掛かると、全く新しい生命を得たかのように別物となって蘇ります。

東京の銀座八丁目新橋界隈には昔、「橋善」さんと「天國」さん、この二軒のお店がそれぞれ個性の際立った天丼で覇を競っておられました。「橋善」さんはボリュームいっぱいのかき揚げに、いかにも江戸前と言えるほとんど生醤油に近い辛口の天つゆで、私は初めてこれをいただきました時、「お江戸と京はこれほどまでに味が違うのか」と、まさしくカルチャーショックを覚えたことを鮮明に記憶いたしております。残念ながら「橋善」さんは閉店なさいました。

一方、「天國」さんの「B丼」は、いわゆる江戸前の甘辛の天つゆと胡麻油で香ばしく揚げられた天だね、また少し硬めのご飯とが一体となり、絶妙のバランスを構成しております。揚げ立てをカウンターでいただく天ぷらも結構なものでありますが、天丼となると、あまり高級店のものは何か居心地が悪いというかしっくりとこないようであります。かえって庶民的なこういった天丼のほうが、かと言って京都人の私には「土手の伊勢屋」さんや浅草の「大黒屋」さんといった本格江戸前は少し重く、丁度この「天國」さんの「B丼」が、学生時代より最も親しんだベストの天丼でございます。蓋を開け、そこからはみ出んばかりの穴子を頬張ると、「ああ、花のお江戸にいるんだ。しかも銀座のど真ん中に。天丼は、この甘辛でなければいけない」という得も言われぬ高揚感を、いつも新たに抱くものであります。

本章の天丼とは別に、私は東京に参りますとそのお店のカウンターで揚げ立ての天ぷらを頂戴することを一番の楽しみといたしておりました。赤坂の「楽亭」さんでございます。そこの御主人は、同じ料理の道を志す者として、不肖私が心より尊敬させていただいていた真の求道者でございました。先年誠に残念ながら鬼籍に入られました。その遺志を継いだ数少ないお弟子さんの一人が京都におられます。有名な俵屋旅館さんが経営しておられる「点邑」さんというお店の小林料理長であります。「楽亭」さんの御主人を偲んで伝承の技をご披露していただきました。

点邑
点邑

# 4

## 洋食について

意外なことにパンの一世帯あたりの消費量について、またコーヒーにおいても京都が全国で一番となっております。皆様方の京都に対するイメージとは裏腹に結構ハイカラで新しいもの好きという一面も、地の京都人の特性と言えます。と言っても、ここでいう「新しいもの」とは東京やニューヨークが代表する最新のトレンドを指すものではありません。明治の文明開化をその始まりとして、大正、少なくとも昭和三十五年から四十年ぐらいにかけて形成された、所謂〝西洋風＝洋風〟と言われるスタイルについてであります。

永井荷風先生、志賀直哉先生、谷崎潤一郎先生などなど名立たる文豪は皆さん洋食がお好きでした。もちろん手前どものような板前割烹もよく御贔屓をいただきましたが、常に食べたいものの筆頭に置かれていたものが洋食ではなかったかと私は推測いたします。この洋食という品物はその味の骨格と申しますか、骨組みが誠に堅牢で、少しの曖昧さもなく、まさしく正面突破の正攻法で口中に切り込んでまいります。

またまたクラシック音楽に世界を移しますと、SPレコードの時代からLPレコードまでに活躍した十九世紀生まれの巨匠、常に世界最高の指揮者として、音楽界に君臨したアルトゥーロ・トスカニーニの演奏がこれに当てはまります。曲の解釈について原典主義を頑なに貫き、一切の妥協を許さず鋼のようなリズムと統率力で、まさしく突貫。核心に迫る演奏であります。これこそ全く白黒をはっきりさせる迷いのない洋食本来の味付け手法と共通いたすところであります。

洋食とは呼ばれていたものの、現代のように実際に欧米で料

理修業を積まれたキャリアがあるわけではなく、当初は来日しているごく限られた西洋人コックに見様見真似で習い覚えたものがそもそもの始まりでございましょう。それがほんの三十〜四十年で独自の洋食というジャンルを確立し、隆盛させたということは我が日本人の最も優れた進取の気質のなせる業であります。我々世代以前の方には「子どもの頃に食べたあのコロッケが…」「そのカツレツが…」というような誠にノスタルジックな思い出が必ずあります。その鮮烈なる味の記憶を再現しようと何十回、何百回と色々な店を訪れてその再現を試み、ある時は当たり、ある時は外れ、という遍歴を重ねてきたと言えるのではないでしょうか。

　率直に申しまして今何が食べたいかと思う時まず第一に脳裏に浮かびますものはその人の美食遍歴における永遠のスタンダードと呼ぶべきものであります。それは得てして工夫を凝らした懐石料理や豪華なフレンチのフルコース、山海の珍味を揃

えた中華料理ではなく、もっと身近な鰻や天ぷら、丼、また洋食などのより即物的な食べ物が多いのではないでしょうか。

洋食において私のスタンダードは子どもの頃生まれ育ちました祇園町に店を構えておられました「つぼさか」さんのコロッケとビフカツの盛り合わせでございます。このお店は残念ながら只今は閉店なさっておりますが、その脂っこさを微塵も感じさせない、しかしながら誠に奥深い芳醇な味わいは今もって忘れることはできません。京都の名立たる洋食の名店や名品は大多数が変容してしまいました。かえって東京の方が往時そのままに変わらぬ伝統の味を伝えておられます。かの白洲正子先生が大のご贔屓であった上野の「ぽん多本家」さんなどはその代表格であります。名物のカツレツ（豚カツ）はもちろんのこと、新鮮な一級品の穴子を丸揚げにした穴子フライは横綱相撲と言える圧倒的な存在感を放ちます。この王者の風格とは対照的に実に品よく瀟洒な佇まいを醸し出しているのが根岸の「香味屋」さんのメンチカツでございましょう。いつに変わらぬこの味を確かめるため、私は上京の折度々この二つのお店に伺うことと決めております。

京都のメインストリート・四条通に十五～十六年前まで立派なお店を構えておられました「萬養軒」さんというフランス料理店がございます。このお店は創業以来京都随一の格式を誇り、所謂敷居が高いお店でありました。亡くなりました親父などは、会合等でよくお邪魔していたようではございますが、当時学生でありました私めは誕生日のお祝いとして伺うことが唯一の機会でありました。ナポレオン三世様式の店内はほの暗く、立派なシャンデリアが飾られ正装の給仕長をはじめホワイトコートを着た数多くのボーイが整然と並んでおられました。あの時から毎年味わったその特別な日の特別なお料理の鮮烈な体験こそ、今日の私の美食観念の基盤となっておりますことを、強く感じる今日この頃でございます。今「萬養軒」さんは代替わりなさって形態をお変えになりましたが、その名物である「ビシソワーズ（パリ風）」（註1）のお味だけは今も変わりません。

目には青葉　山ほととぎす　初鰹　　山口素堂

毎年木々の緑が濃く少し汗ばむ季節となりますと、真っ先にこのビシソワーズとコンソメの冷製を合わせたスープが恋しくなります。

（註1）現在萬葉軒では「パリソワーズ」として提供。

トスカニーニ コレクション

浜作芦屋サロン ローズルーム

# 5

## 水菓子とは

聞き慣れたようで聞き慣れない、この「水菓子」という品物を皆様ご存知でございましょうか。私どものような京都の料理屋、特に一品物を主体とする板前割烹では、お食事の後に今で言うところのデザートをお出しすることはほとんどございませんでした。いつ頃からでございましょうか、祇園町の「一力」さんや「富美代」さんなどのお茶屋さんへの御出前や、また屋形でも、カウンターではなく二階のお座敷でのおまかせのコース料理には最後に果物をお出しするようになりました。これを水菓子もしくは水物と呼んでおります。

元来、「菓子」とは、果物を指す言葉でございました。しかし、その範囲が限り無く広がり、甘いものはもちろん、おかきや煎餅に至るまで間食全てを指すことと至りましたので、当初の果物を区別するためにこの水菓子という言葉が生まれました。これは明治から大正に至る時代のことでございましょう。水菓子は嗜好品の最たるもので、今では最もポピュラーなりんごやみかんでさえも、庶民にとりましてはかなりの贅沢品でありました。幸田露伴や泉鏡花の小説には度々水菓子屋が登場し、文明開化、すなわち西洋化が進む荒波の中、表通りから一歩入った下町ではまだまだ江戸情緒が残り、こういった水菓子屋などがその風情を添えておりました。

水菓子という言葉が発するその語韻には、憧れというか懐古趣味というか、何か子どもの頃の記憶を想起させる力が含まれているような気がいたします。今でも最高位に君臨いたしますものは、言うまでもなくメロンでございましょう。手前どもの「浜作」の水菓子は、長らくメロン一辺倒でございました。それも、祇園石段下にあった「八百文」さんのマスクメロンと決まっておりました。これをお客様によって六分の一でお出ししたり、ご注文によっては四分の一、中には半分に切ってそのま

・仏 ルネ・ラリック製　馬上杯
・仏 バカラ　レース紋皿

・富岡鉄斎画　『蓮池清暑』扇面額
・ギヤマン　小吸い物・茄子形椀
・河井寛次郎造　海鼠釉亀甲皿

ま種を取り、中にブランデーを注いで召し上がるという豪快な方もおいでになりました。まさしく非日常的なものを味わうという一種得も言われぬ満足感、優越感に浸ることができる稀に見る食べ物ではないでしょうか。ただ、このメロンは熟れ頃、食べ頃、すなわちお召し上がり頂くタイミングが難しくベストの状態で何十人前を揃えることは至難の業であります。

フランス料理をはじめとする西洋料理においてのデザートの一皿が占める重要性は、日本料理の比ではございません。全くもって、メインディッシュと同格とも言えるほどのウェイトを誇るものであります。

現今では当初果物に限られておりました水菓子の範疇も次第に垣根がなくなり、今ではその「水」という字面から受ける印象のままに、どちらかといえば水分を多く含む甘いもの全般を指すものと変移いたしております。「とらや」さんが代表する羊羹はその重厚で奥深くしっとりとした味わいを信条といたすものでありますが、これが一字くわえて水羊羹となりますと、その持ち味はどこまでも軽くコクよりキレを大事にしたさっぱりとした仕上がりのいかにも涼感を感じさせるものでなければなりません。この特性を備えてお菓子の中でも初めて水菓子と呼ばれ、その範疇に入るものとなり得ます。

私が生まれ育ちました祇園町の路地の一角に「甘泉堂」さん

という小ぢんまりとした老舗がございます。戦前、「甘泉堂」さんは、祇園富永町に間口六間を構える大店でございました。今はその流れを汲む方が後を継いで、お身内だけでひっそりと御商売を続けられておられますが、お店に掛かる「甘泉堂」の看板の扁額は、富岡鉄斎先生の筆によるもので、往時の風格を今に伝えております。お味もその頃から全く変わらぬ美味しさを保っておられることは言うまでもありません。

この店の水羊羹は誠に慎ましやかで清々しく、しかしながらどこか色っぽくて艶がある、それこそ真の祇園町風と言うのが当てはまる味わいを有しております。このお菓子の包装紙には鉄斎先生の「天下一品、風味骨頂」との賛が記してあります。私などは子どもの頃ひと箱十個入りのこの水羊羹を頂くと一人で五切れも六切れも食べてしまい、よく祖母に窘《たしな》められた覚えがございます。それほどまったくあくどさが残らないピュアな、クリアな一品でございます。

これまた、音楽に例を求めますとエリザベート・シュワルツコップがソプラノを独唱してジョージ・セルがオーケストラを指揮したリヒャルト・シュトラウス作曲の「四つの最後の歌」を私は連想したくなります。この演奏は、まさに洗練、全く曇りのない、全く地べたに接触することなく空中をひらひらとそよぐ極薄の紗羅のように繊細で優雅な存在感を放っております。この小豆色の何の変哲もない直方体が私にとりまして第一の水菓子でございます。

洋風で申しますと、私は「温」の「クレープシュゼット」、「冷」の「チェリージュビレー」こそがデザートの両横綱だと思います。グランメゾンでの数ある楽しみの中でも、メインディッシュの後の寛いだ雰囲気の中で繰り広げられる食卓脇でのパフォーマンスは、飛び切りの贅沢と呼べるものであります。

普段は脇役のメートルドテールやチーフウエイターがその技量を

発揮できる独壇場でございましょう。しかしながら、これら豪華なデザートは水菓子というイメージとは程遠い気が致します。西洋ものにおける私の第一の水菓子はホテルオークラ東京の本館にありましたオーキッドルームで食する「ピーチメルバ」でございます。ご承知の通りピーチメルバはかのエスコフィエ（註2）がロンドンのサボイホテルの料理長だったとき、その頃ホテルの向かい側にあったロイヤルオペラで当代一の名ソプラノと謳われたネリー・メルバのために誂えたデザートであります。この古典的な桃のコンポートとアイスクリーム、生クリーム、アプリコットジャムの組み合わせは、全世界各地の名ホテル、レストランの永遠のスタンダードメニューでございます。中でも昭和の日本の名建築の最高峰に位置する、谷口吉郎先生設計の、ホテルオークラ東京のロビーやオーキッドルームはオーナーであった天下第一の趣味人、財閥の御曹司であった大倉喜七郎男爵のハイセンスと洗練を今に遺すグランメゾンであります。素晴らしい建物でありましたが、東京オリンピックに向けての再開発のため、一旦取り壊されて、二〇一九年九月十二日に、四十一階がそびえ立つプレステージタワー、ラグジュアリーな日本美を追求したゆったりとした客室をもつヘリテージ棟の二つを構える日本を代表するThe Okura Tokyoとして開業いたしました。眼目の旧本館の独特な雰囲気は堂々たる空間として甦りました。オーキッドルームは、オールデイダイニングオーキッドとなり、よりカジュアルにはなりましたが、ピーチメルバは正しく継承されており誠に喜ばしく思っております。私も、三十年にわたる毎週の東京出張の定宿として、京都の自宅、芦屋の別宅、オークラと我が家のように心安まる所となっております。

（註2）一八四六年生まれのフランスでは最も高名シェフであり、現代フランス料理の基礎を作ったとされる。

創業間もなくの浜作本店
左から二番目 初代女将、三番目 初代主人

# 6
# 西を見て、東へ進む

私は学生時代より三日に空けず歌舞伎座に通う芝居好きで、今でも合間を見つけては歌舞伎座の舞台を拝見することを月次といたしております。

観劇に参りますときは、終演後の食事も上京した折の楽しみでございます。故にお昼時の幕間は軽い虫養いとして毎回重宝いたしますものが、「銀座寿司幸」さんのばら散らしでございます。

江戸前の丁寧な仕事を集約した、そのコンパクトな折詰は、私どもが馴染んだ京都とは全く正反対の味の付け方の構成に、いつも新鮮な驚きを感じます。すなわち、寿司飯においては、京都・大阪は甘味を効かせますが、東京はほとんど酢と塩だけで甘味を加えません。また、たまごは京都・大阪がかすかに塩味を効かせた薄味仕上げで、対照的に東京はしっかりとした砂糖使いで甘さを際立たせております。このごろでは日本料理界においても、東西の料理人の交流が盛んで、あまり料理法に差異がなくなってきたような感を抱きますが、ことお寿司の世界においては江戸前と上方それぞれに際立った個性が厳然と区別されております。

神戸元町にございました「青辰」さんの穴子寿司は、今思い出してもうっとりするような、長らく関西を代表する〝美味いもん〟の一つでございました。阪神大震災を機に閉店なさいましたが、今もなお伝説となって語り継がれるべき名店でございました。私もよく祖父母や親父の注文で、朝早く電車に乗って、神戸までその穴子寿司を買いに通ったものでございます。午前十一時を過ぎると必ず売り切れとなるので、必死で駆け付けたものでございました。名高い明石の穴子を独特のたれで焼き上げた味わいは、まさに旨味の宝庫であり、今もって脳裏の

・欅地拭漆轆轤挽き丸縁高
・河井寛次郎造　大湯呑
・仏 ルネ・ラリック製　小鉢

奥にきっちりと記憶されております。

　この作品二つは、クラシック音楽の役どころで申しますと、ピアノの小品といったところでありましょうが、しかしながら「小」というには立派過ぎて、その完成度においても存在感においても、喩えて言うならベートーヴェン作曲のピアノソナタ、それも後期に作曲された名曲の数々との共通性を感じるものであります。要するに、メロディライン、リズム、ハーモニー、この三つが一分の隙もなく完璧に構成され、ピアニスト一人の表現にもかかわらず、百人を超えるフルオーケストラが奏でる交響楽にも勝るとも劣らない、心が震えるような感動を与えてくれます。

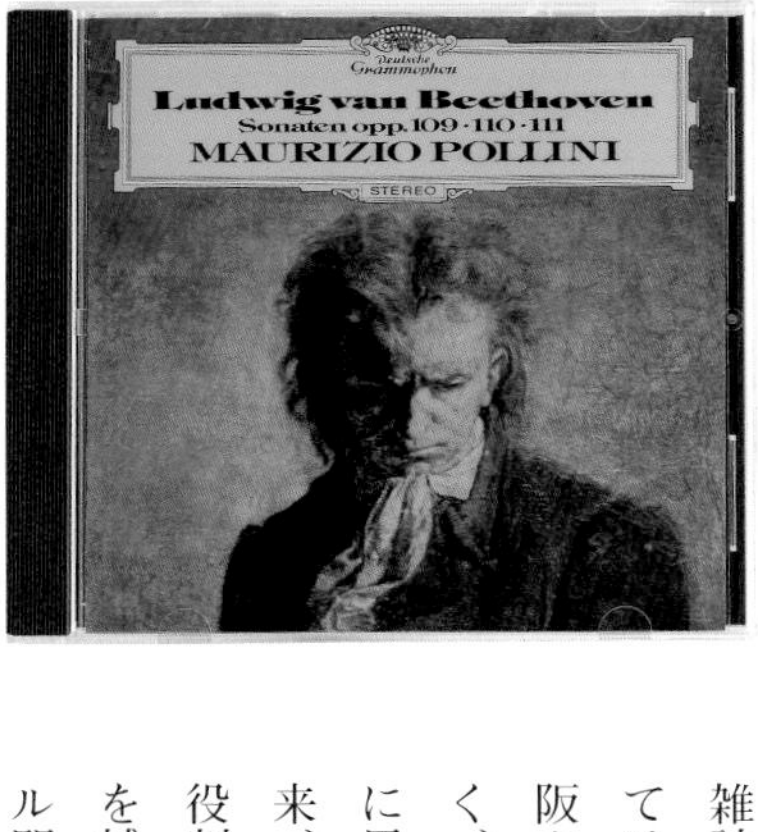


　連日のようにテレビや雑誌では、わが京都がもてはやされ、その点、大阪や神戸は露出度が少なく、少し元気がないように思われがちですが、本来、京阪神、この三都の役割は、各々得手不得手を補完し、ある時はオール関西としてのくくりで

・独 マイセン製　ブルーオニオン透かし絵飾皿
・独 マイセン製　葉形小鉢
・英 マッピン＆ウェッブ製　ロックグラス

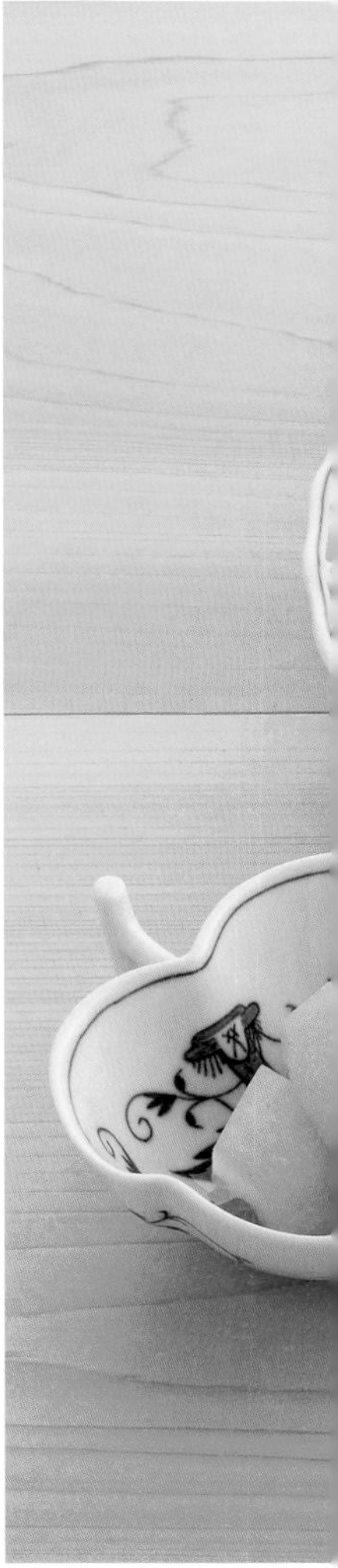

連携を密にし、総合力を発揮する一大文化圏となるものですが、しかしながら一面では、全く別物の高いプライドと独自性を誇り、それぞれ歴史に裏付けされた、固有の文化を背景としたオリジナリティを堅持しております。巷間、「大阪でしっかり金儲けをして、神戸・芦屋で邸宅を構え、季節ごとに京都の景色を愛でその風流に遊ぶ」ということがよく言われております。こういうスタイルこそが、関西人の理想形とも言われるものであります。

長く重い歴史を背負っております京都人にとりましては、異国情緒溢れる神戸はどこか開放感があり、その進取の気質は常に刺激を受けるものであります。

先述の「青辰」さんは、神戸の和を代表する名店でありました。洋となりますと、代表するものが数々あり過ぎて、枚挙に暇がありません。その中でも特筆すべきは、「トアロードデリカテッセン」のスモークサーモンやハム、ベーコン等々であります。こういった加工食品の中でも、しっかりとしたその格別の芳醇なる味わいは、終始一貫してゆるぎなく、創業時のオリジナルをぶれずに伝承されております。目からうろこが落ちるとは、この店の、このサーモンを召し上がる時の実感そのものでございます。真紅に輝く上身を厚めにスライスしてマイセンのブルーオニオンの染付に真一文字に盛り付け、レモンをたっぷり絞る時、その口中は溢れる期待と生唾でいっぱいとなります。名レストランへ伺わずとも、この一皿さえあれば、誰しもグルマンを気取り、サヴァラン（註3）やガルガンチュア（註4）になったかのごとく高揚した気分に浸れる至福の瞬間であります。

（註3）J・A・ブリア＝サヴァラン。『美味礼讃』著者。法律家であり、政治家でもあったが食通であり、美食家として有名。

（註4）十六世紀半ばにフランスで出版されたフランソワ・ラブレーの『ガルガンチュア物語』主人公。巨人の子として生まれた大食漢という設定である。

# 7

# 川端先生のベーコンエッグ

毎日仕事に追われ慌ただしい日々を送っていると、余裕をもって、朝ご飯をゆったりといただく日は一年に何日あるでしょうか。商売柄どうしても帰宅時間が十一時を過ぎます。となると休日はかえって〝食い気より眠気〟となり、朝寝坊することとなります。

皆様がイメージを抱かれる京の朝ご飯というと、やはり和朝食でありましょう。すなわち菜っ葉のおひたし、お野菜の炊いたん、焼き魚、玉子焼きに炊き立ての白いご飯とお味噌汁といった感じでしょうか。現在では京都は言うに及ばず、東京をはじめ全国のホテルでの朝食はこのスタイルが定番となりました。

昭和三十六年にこのイメージそのままに京都・東山の都ホテルでこの和朝食という形式を初めて完成させたのが他ならぬ私の父、二代目「浜作」主人でございます。この時の献立は、切り干し大根とお揚げの炊いたん、ほうれん草の胡麻和え、蕪・湯葉・生麩の炊き合わせ、鮭の塩焼き、名物だし巻き卵に、白ご飯とお味噌汁とお漬物といったメニューでございました。確か一人前九百円だったと思います。それまでコーヒー・紅茶にトーストのコンチネンタルスタイルや、それに玉子料理とハムやベーコンが加わったアメリカンスタイル、この二つの洋朝食がホテルでの主流でございました。この親父が完成させました和朝食のスタイルは大ヒットし、後のホテルオークラやホテルプラザでも和朝食というスタイルが定着し、今でも人気を博しております。

かの文豪、川端康成先生は晩年の十年間を都ホテルの「佳水《かすい》園《えん》」という和風の離れの特別室「月の三番」にお泊まりでございました。夜ご飯は手前どもの祇園の本店のカウンターでほぼ毎日のように召し上がりました。真夜中に執筆なさっていたようでお宿での朝食兼昼食は時間もバラバラ、全く不規則なオーダーをいただきました。毎日同じ献立ではお飽きになるのも当然でございます。そこで前日の夕食にご来店の折、翌朝のお好みをお聞きいたしますのが日課となっておりました。ほとんどが和食のご注文でしたが、この写真にありますベーコンエッグもお好みだったようで度々ご注文をいただきました。パンは東京の「紀ノ国屋」のイギリスパンをトーストし、紅茶は確か「トワイニング」の「プリンス・オブ・ウェールズ」がお好みでございました。このベーコンエッグの特徴はベーコンをまずカリカリに焼き、それから玉子二つを割り入れ蓋をせず、軽く塩・胡椒で味付け、必ず玉子はしっかり火を通しウェルダンに仕上げることであります。先生はウスターソースやケチャップをお使いにならず、薄口醤油を数滴垂らして粉チーズを振り、塩昆布とともにお召し上がりになったそうでございます。久しぶりにこの川端先生好みのレシピを再現し作ってみましたが、これが実に洒落たものでパンにもまたご飯にもぴったりでありました。

先生のお部屋には小さなレコードプレーヤーがあり、それでよくおかけになっていたLPがフォーレのヴァイオリンソナタとベートーヴェンのチェロソナタ三番であったそうです。全く対照的な二つの曲調でありますが、このベーコンエッグを召し上がる時どちらの曲を好まれたかは定かではございません。私は多分フォーレをお聴きになっていたのだと思います。

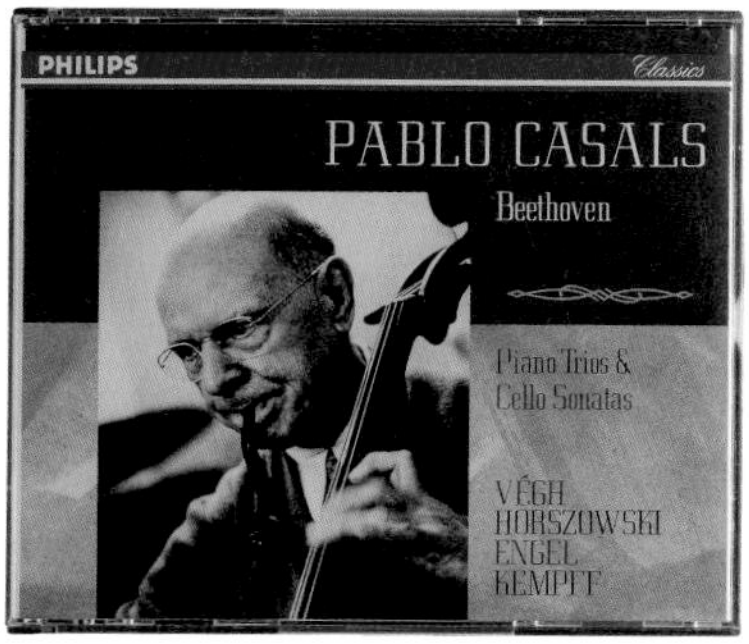

・叶松谷造　赤絵小吸物椀　・諏訪蘇山造　貝形手塩
・高橋道八造　赤絵鉢　・古伊万里　染付四方皿
・永楽即全造　浅黄交趾白波皿　・魯山人造　手付き志野小鉢
・三浦竹泉造　染付箸置　・一閑張折敷

・古染付八角皿
・京 PONTE製　ガラス蓋置

# 8

# お素人恐るべし

手前どものご常連のお客様に、福岡県にお住まいの境先生というお医者さんがおられます。この御方はご本業以外に、食べることに執念ともいえる情熱をお持ちで、お作りになる手打ちそばが素人の域を超え、実に素晴らしいものだということをかねてから数多くの食通のお客様からお聞きいたしておりました。

満を持して先日、名立たるグルマンである「ステレオサウンド」「ワイン王国」誌出版元会長の原田さん、かつて神戸にあった伝説の名店、「ジャンムーラン」店主の美木さんご夫妻、女優の檀ふみさん、京都の中華で評判の「京静華」の宮本さんご夫妻とご一緒に先生のご自宅へ押しかけることとなりました。お庭には離れのようなそば小屋が設えてあり、そこには現在望みうる最高の道具が揃えてありました。先生は一〇〇%純正の更科粉を、ものの十五分で見事な手捌きで打ち上げられました。大変失礼ながら素人さんがお料理をなさるとどうしても無駄な動きが目に付くものでありますが、先生は一分の隙もないくらい息を詰めて、それも完全なる自然体の流れでお仕事を進められました。喩えて言うなら名人ハイフェッツのヴァイオリンの弾き方のように。内には燃えたぎる情熱の炎を込めながら、そのお姿は実にクールで清々しいものであります。これは遥かに素人の域を超えた芸術だと思いました。

出来上がりをすぐにお皿に盛り込みますと、美木さんが手慣れた手付きでその上におそばが隠れるくらい全面にトリュフを削ってトッピングなさいました。その時いただいた境先生の手打ち更科そばは私にとり生涯最高のものでございます。

加えて感心したことには、そのそばつゆに誰もが思いつかない一工夫がなされていたことでございます。すなわち五〇度くらいに温め、そこにバターを一片落とし、じんわりと溶けかか

・網代食籠
・永楽即全造　浅黄交趾小皿

ったタイミングでそばを浸けていただいたのであります。そうするとこのバターと温度により、トリュフ独特の湿気た風味と食感が最高の芳醇さに一変し、その限りない透明感をもつ鮮烈なそばの風味や食感と相まって、全く別次元の味となりました。

またこのそばに最適であろうというワインを地下のセラーからお選びになり、お振る舞いいただきましたものが年代物の有名なロマネ・コンティ社所有の葡萄畑で作られた「ラ・ターシュ」という逸品と、これまた極貴重品である「アンリ・ジャイエ・クロ・パラントゥ」でございました。私はワインの知識は皆無に等しく、また下戸でございますが、この素晴らしい超弩級のワインの妙味だけは何か別物のようで、その日に限っては自分でも驚くほどグラスが進みました。その時みなさんから、「浜作さんは極上等なワインだけは飲まはるんですなぁ」と笑いながら冷やかされた夜でございました。

かくのごとく料理については全くのお素人である方が毎日精進を重ね、確固たる熟練した技術と研ぎ澄まされたセンスを併せ持たれていることに、私は心から感動し、敬意を抱くものであります。まさしく、「お素人恐るべし。凡庸な玄人の及ぶべきところに非ず」と申せましょう。

料理を作る者にとって一番大切で不可欠なこの鍛錬とセンスをそれぞれ夫婦で役割分担し、見事にその調和を洋菓子の世界で結実なさりつつあるお店が京都にございます。「パティスリーエス」というお店であります。元々そちらのお店のファンであった奥様が、現在ではそのお菓子のイメージ・味・形をプロデュースなさり、それをご主人が確かな技術をもって実際に作品となさっております。この店の秋の逸品はモンブランであります。栗の持ち味を最大限に活かし、決して甘味で押さえつけることはありませんが、かと言ってその凝縮した美味しさは非常に密なもので、コーヒー・紅茶、また煎茶や抹茶にも相性が抜群であります。

昭和二年創業から七十八年間
浜作として皆様に親しまれた
二代目旧本店（祇園富永町）

# 音楽の話

歴史上いかなる時代においても、傑物が大成する背景には必ずや優れた好敵手《ライバル》の存在が必要不可欠なものであったことでしょう。二十世紀前半の西洋音楽において、指揮者の両横綱といえば、アルトゥーロ・トスカニーニ、ヴィルヘルム・フルトヴェングラーの二人と申し上げて、まず異論のある方はおられないと思います。この二人ほど今日に至るまで、ありとあらゆる音楽家に影響を与え、没後六十年以上経った今でさえ、様々な音楽家の表現の頂点に君臨し続けているということは実に驚嘆すべきことで、かく言う私も小学校六年生のときに、初めてこの二人の演奏するベートーヴェン作曲交響曲第五番「運命」のレコードに出会い、今なお四十年を超えてこの二人のマエストロの魅力に取り憑かれております。トスカニーニは一八六七年にイタリアのパルマに生まれ、フルトヴェングラーは一八八六年にドイツのベルリンに生まれました。歳としてはトスカニーニの方が十九も上ということになりますから、一世代先輩ということになります。

我が国では、明治の開国と共に西洋の文化が怒濤のように押し寄せ、僅か二、三十年のうちで表面的には欧米の模倣をどの国よりも早く上手く為し、一九〇五年には大国ロシアに勝利し、また一九一四年に始まる第一次世界大戦においては、連合国側の戦勝国として欧米列強と並び、五大国の一つ、所謂一等国の一つとなったのですから、あの頃の日本人の進取の精神とエネルギーは凄まじいものであったに違いありません。中でも大日本帝国憲法を始め数多くのことを、先進国ドイツを模範として学び入れました。

音楽においてはそのドイツの影響を最も顕著に受けた分野でありましょう。従って、バッハ、ベートーヴェン、ブラームス、俗に頭文字を合わせて「3B」と呼ばれる大作曲家がその価値観の心柱となって中心に高く聳え立つという時代が現在まで百五十年に亘り、延々と音楽教育が続けられて参りました。所謂ドイツ的なるものは、私のイメージからすると、「重厚」、「堅牢」、「長大」、「ストイック」、「地味」、「質実剛健」、「無骨」等々が思い浮かんで参ります。こういう感じが生来の日本人の「勤勉」、「真面目」、「誠実」などの特質とうまく融合し、明治から戦前、戦後の高度成長期へと繋がるあらゆる価値観の基盤となり、少なくとも私の年代まで、あるいはもう少し昭和後半生まれの方々までの日本人の気質を形作ってきたものといえます。音楽の中心ヨーロッパから遠く離れた極東に位置する我が国は、実際にウィーンやベルリン、パリのような本場の実演に接する機会は、つい二、三十年前までは皆無に等しい環境

ハイフェッツ コレクション

にありました。従ってその代わり、その演奏を収めたレコード、すなわち戦前はSP、戦後はLPといったレコード盤、近年においてはCDといったソフト、また最近ではインターネットによるハイレゾに至るまで、いかに素晴らしい演奏をいかに実演に近く、いかに臨場感を再現するかというオーディオ再生が、技術はもちろん、そのコンセプトにおいても類稀なる芸術性を加味した独自の世界有数の発展を遂げ、現在でも世界屈指のハイレベルを維持しております。その「大ドイツ的なるもの」の頂点に今なお君臨し続けているのが、フルトヴェングラーの芸術であります。

一方、トスカニーニは、一切の曖昧な解釈や忖度を徹底的に排除し、楽譜に書かれた作曲家の意図をいかに忠実に再現するかということを極限まで追求し、史上最も高い境地まで極めた大芸術家であります。

私はお料理において、トスカニーニの原点回帰主義、勝手な解釈を加えたり余計なことを一切しないその芸術を目標として日々取り組んでおります。装飾と実体（根拠）のない巨大化した今のお料理、表面的な創作やイノベーションという言葉に踊らされている現在の料理界には大変危惧を覚えています。この本に登場する食べ物屋さんは、それとは真逆の、あえて時代の流れに乗らない確固たる信念をお持ちだと思います。

さて、手前味噌とは知りながら、あえていささかの矜持を以て申し上げますなら、三代目主として私が板場を預かる板前割烹には、トスカニーニ的なる美学が厳然として存在いたします。それは、素材第一、そのままをお出しする決して妥協しない苛烈な職人気質でございます。どのような曲に向き合っても、延々と脈絡を変えることなく己の音楽を奏で続けたトスカニーニ。それは「浜作」の素材に向き合う姿勢と軌を一にしているのです。祖父から父へと受け継がれた「浜作」のアルチザンとしての矜持は、私の血の中にも脈打っております。謂わばフルトヴェングラーの精神的な芸術気質とは対極に位置するものですが、〝すべての道はローマに通ず〟の譬え通り、究極を目指さんとする高い志を堅持するなら、結局、両者は同じ頂を目指すことになるのであります。かくして〝トスカニーニ的なる味わい〟は、今も受け継がれておりますが、不思議なことに、誰も彼と同じようにはできないのでございます。これは「浜作」三代の味が一子相伝を以て受け継がれたことと鋭く対立する現象です。芸道における芸の継承。この難しい問題はまた紙面を改めてお話しいたしましょう。

# 9

# 森嘉のお豆腐

酒飲みと　奴豆腐は　さも似たり
はじめ四角で　あとはグズグズ

お豆腐ほど老若男女、日本人の食卓に汎く馴染んだ食材は他にはありません。江戸時代に出版された『豆腐百珍』という料理手引書が残されております。生成りのままなれば奴豆腐、すなわち冷奴。冬場は湯豆腐、揚げ出し豆腐、田楽と、まさに煮たり焼いたり揚げたり蒸したりとあらゆる料理法によって百容百態。言わずと知れたスタンダードから奇妙奇天烈なものまで如何様にも適合する懐の深さ。言い換えればその持ち味は、決して自己を押し付けない、極めてニュートラルな普遍性を具えております。

京都には「お豆腐狂言」という言葉がございます。代々当主が「千作」を名乗られる、狂言の名門・茂山家を指す言葉でございます。元来狂言は能に付随したもので大名をはじめとする特権階級のためのものであり、その上演場所もほとんどが能舞台に限られたものでありました。しかしながら二世千作さんは市井のどこへでも出向き、たとえば結婚式の余興や町内の催し物など場所を選ばず上演の機会を増やしました。そこで権威と格式を重んじる能楽界からは「なんや茂山はんは、お豆腐みたいなもんやな」と揶揄されたそうであります。京都ではおかずに困ると「今日はお豆腐にでもしとこか」ということがよくございます。そのお豆腐になぞらえ、体面にこだわらず乞われればどこへでも出向き一般庶民を相手に狂言の普及に努められたということであります。皮肉なことに今日の狂言の隆盛にこの「お豆腐狂言」という柔らかい言葉が大いに貢献することとなりました。

またお豆腐というものは全国津々浦々どこででも手に入れることができ、お料理の仕方、味付け次第では京懐石の瀟洒な逸品ともなり、また手を加えずそのままでも日々のご家庭のお惣菜ともなり得る、誠に稀有なる食材でございましょう。

普通〝おとうふ〟は「豆」に「腐」ると書きますが、口に入れる食べ物に「腐」という字をつけること自体考えれば不思議なことで、これを嫌って「豆」に「富」むで「豆富」と書いたり、潔癖症で有名であった明治の文豪・泉鏡花先生などは「豆府」という字をあてられたりしております。

私が思いますにお豆腐の第一の優性は、その淡白な持ち味と、純白な姿形により誠に謙虚で控えめ、すなわち癖や嫌味のないところでございましょう。これは和歌や俳句、日本画など、敢えて余韻や余白を残し最終の解釈を相手に委ねるという日本文化の古来の伝統にぴったりと合致するものであります。この点が長らく日本人の食卓に欠くべからざる存在感を保持している所以であると思います。故に近頃流行りの大豆の味を前面に押し出したお豆腐には何か違和感を抱きます。やはりお豆腐はお豆腐らしく、出過ぎず端然とした佇まいを守るべき食べ物であります。我が京都には世に名高い「森嘉」さんの「嵯峨豆腐」がございます。このお豆腐こそ先述の特性をすべて具えた一品でございます。

木枯らしの　寒さもここは　知らぬげに
色とりどりの　花の顔見世

淡々斎

京の師走は南座の顔見世興行で始まります。朝夕がめっきり冷え込み小雪のちらつく中、昆布を敷き詰めてたっぷりのお湯を張った土鍋に、この森嘉のお豆腐を少し大きめに切り入れ、煮え花をお手塩に取り、すかさず土佐醤油と生姜、かつお節を添え口中に含むと身体の底から得も言われぬ温かい満足感が生まれます。これぞ京都人にとりまして底冷えを追い払う、第一の御馳走でございましょう。

・河井寛次郎造　鉄砂四方食籠
・河井寛次郎造　六角花絵向付

・河井寛次郎造　練上鉢

・河井寛次郎造　黒釉片口鉢

# 10

# お雑煮と三種の違い

何事においても、特に経済におきましては東京一極集中が叫ばれる中、日本料理界だけは我が京都・大阪をはじめとした関西圏がかろうじてイニシアティブを保っております。手前ども長年全国各地から料理修業志望の数多くの若者を預かりました。「浜作」もしくは「浜」の一字を取って暖簾分けをした者もあれば、ジャンルが変わってイタリアンレストランのオーナーシェフとなっている者まで、その数はおよそ一世紀に亘り千人を優に超しております。このOBの人たちが各々地元に帰り、京都の料理もしくは雰囲気を伝播する役目を担ってきたことでありましょう。

つい先日、二十年程前に修業していた仲間五人が久しぶりに店に挨拶に参りました。昔話に花が咲く中、私は一つ皆に質問をしました。「ところで貴方たち、うちを卒業して長うなるけど、お正月のお雑煮はどうしてんのん？」という問いかけでございます。皆さんの出身は、東京が二人、あとは高松・金沢・埼玉とバラバラでございましたが、意外なことに五人とも元旦のお雑煮は京風の白味噌でお祝いをするとのことでありました。ただし全員、二日目には従来の地元のお雑煮に戻すそうであります。二十年経った現在でも、自分は料理人としての第一歩を京都・祇園で歩み始めたのだというアイデンティティを、その白味噌のお雑煮で毎年のお正月をお祝いするときに再認識しているということであります。すなわち、元日の朝、初詣を済ませそれぞれのお雑煮を口にするとき、日本人に生まれた幸せを自然と感じる瞬間だとも言えるのではないでしょうか。

京都弁で白味噌の味を表現するとき、よく使われる言葉で「まったりして美味しい」ということを申します。「まったり」

・永楽即全造　交趾鶴首酒器　・輪島塗　稲穂絵煮物椀
・永楽即全造　仁清倣鶴の巣籠向付　・永楽即全造　交趾熨斗形箸置
・輪島塗　松唐草折敷

## 10

・仁阿弥道八造　絵替わり土器
・平安象彦造　朱塗祝儀盆

とは表面の舌触りは絹のように滑らかで、味わいはどこまでも奥深く、「辛い」「甘い」「酸っぱい」では到底表現できない情緒纏綿たる滋味・妙味を指します。

音楽でいうとベルカント・オペラの世界、特にベルリーニの名旋律を想起させます。私にとっては、世界最高の歌手としていつも筆頭に位置するのはマリア・カラスであります。完全になだらかな放物線を描く発声法と内面に沈潜する激情を融合した歌唱は全く比類のないものであり、ことにベルリーニ作曲「ノルマ」の第一幕での長大なアリア「清らかな女神」などは、他の歌手では、到底たどり着くことのできない完成された芸術品であります。一度カラスの歌に接すると、たちまちその魅力の虜となり生涯、耳から離れなくなります。こういう人を惹きつけてやまない魔力とも言える技術・感性を持ち合わせた人こそ真の芸術表現者、巨匠と呼ぶべき人たちであります。

椀種は焼かずにお湯でとろとろに柔らかくした丸餅と、八頭のお芋、丸に剥いた大根・人参を添えます。これを祝い椀に盛り込み、京の底冷えで甘みが増した白味噌にあっさりとした出汁を合わせた熱々の味噌汁を張ります。吸い口は柚子に辛子を添えます。主役のお餅も大根もお芋も決して角を立たさず、円窓に整えるのが京風であります。浜作では長年に亘り、京・鴨東宮川町の「山利商店」さんのお味噌を使っております。

反対に「さっぱり・あっさり・すっきり」を信条とするのがお江戸風でございます。お餅は角餅をこんがりと香ばしく焼き、鶏の身と三つ葉を添えます。それに、お出汁に醤油と酒でお加減したすまし汁を張ります。将軍家は鶴寿千年に因み、家統の弥栄を祈念してお雑煮に鶴の身を加えました。しかしながら鶴は狩猟御法度の禁鳥、庶民に手に入るはずもございません。そこで、鶏で代用しました。「鶴」という語韻がいかにも武家の都らしい格調を今に遺しております。

もう一つ、新年の祝い膳に欠かせないものが俗に「三種」と言われる取り肴でございます。これにも土地により様々な取り合わせがあるようでございますが、最も代表的なものが黒豆・数の子・田作り（ごまめ）となっております。来たる一年を「マメ」で健やかに暮らせるように黒豆を、子孫繁栄のために数の子を、五穀豊穣を祈念して元来農作物の肥料であったごまめを甘辛に煎りつけて「田作り」と呼び、この三つを、縁起を担いで盛り合わせます。

京都においては黒豆・数の子までは同様でございますが、田作りに代えて、たたきごぼうを加えることとなっております。ごぼうには「細く長く堅実でまっすぐな人生を歩むべし」という意味が込められております。

時間的にも経済的にも技術的にもご家庭で料理屋のように何十種類もの具材を揃え、重詰めに設えることは困難極まることでございましょう。しかしながら一年のけじめのお正月でございます。何かしらのお祝いはしたいものであります。そこでお雑煮にこの三種さえ揃えていただければ、ささやかながらも立派な元旦を寿ぐことができます。

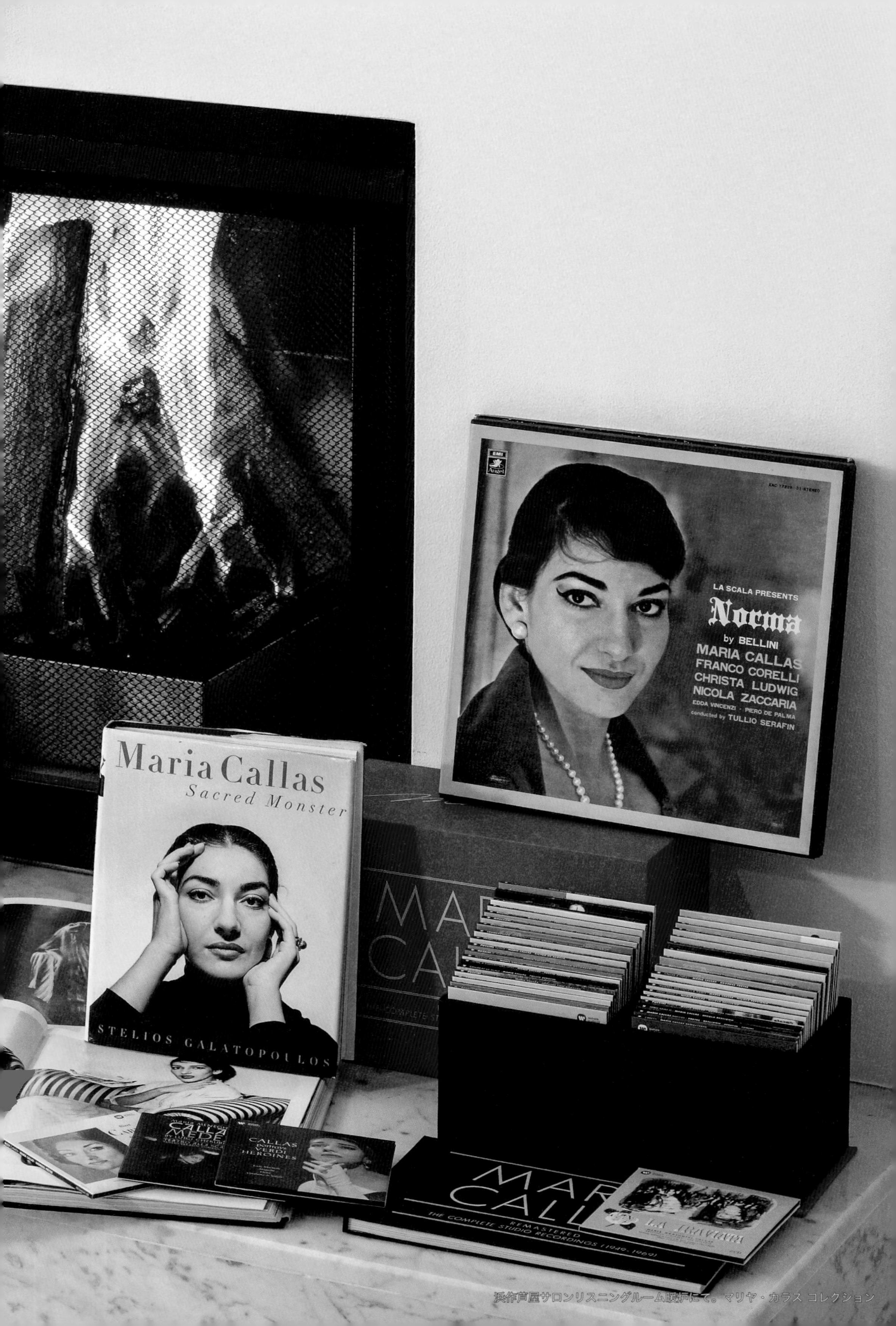


浜作芦屋サロンリスニングルーム暖炉にて。マリヤ・カラス コレクション

Puccini
COLUMBIA
OL-3158~60
L'ARTE DI
MARIA
CALLAS
CALLAS POTRAYS
VERDI HEROINES
MAD SCENES
CALLAS AT
LA SCALA
Donizetti
LUCIA
DI LAMMERMOOR

# 11

# おこわとすっぽん

二月の京都は寒さがいっそう厳しく、盆地特有の足元から伝わるその寒さを俗に「京の底冷え」と申します。観光客で溢れる名所旧跡も本来の静寂を取り戻します。私どものような食べ物屋商売にとりましては、この二月と真夏の八月が「二八《にっぱち》」と申しまして、一番お客様の数が少なくなる時でございます。おかげさまで昨今では以前のような顕著な落ち込みは見られなくなりましたが、やはり冬枯れ・夏枯れにいかに対処するかということが観光都市京都で商売をする者にとって長年の懸案であるということには変わりありません。

「浜作」ではこの時季一番味が美味しくなるフグを売りものとして、全国からそれを目当てのお客様で賑わいを見せます。京元々創業当初から当店のフグは冬の看板料理でありまして、京都で一番早くフグを取り扱い、戦前は「京都でフグと言えば浜作に決まっている」とまで言われたほどのまさに独参湯《どくじんとう》（註5）というべきものでありました。

京都の古いお店の中でも「瓢亭」さんがおやりになっております夏の「朝がゆ」は京名物の第一に挙げられるほど有名なものでございますが、冬には「鶉がゆ」という実に風趣に富むお昼ごはんをお出しになっておられます。寒くなるのを待って、たとえばすっぽん鍋の「大市」さんをはじめ、水炊き、ぼたん鍋、うどんすき等々、お鍋の名店へ訪れるのも京都人の密かな楽しみの一つでございます。

ここ数十年の間にますますエスカレートした洋菓子店やデパートでのバレンタインデーにおけるチョコレート騒動も、閑散期に何とか売上を維持しようという点において何か共通するものがあるような気がいたします。

京都にはあまり他所《よそ》の町で見かけなくなったお餅屋さんが、町に一軒と申しますと少しオーバーに聞こえるかもわかりませ

・河井寛次郎造　辰砂菱形大食籠

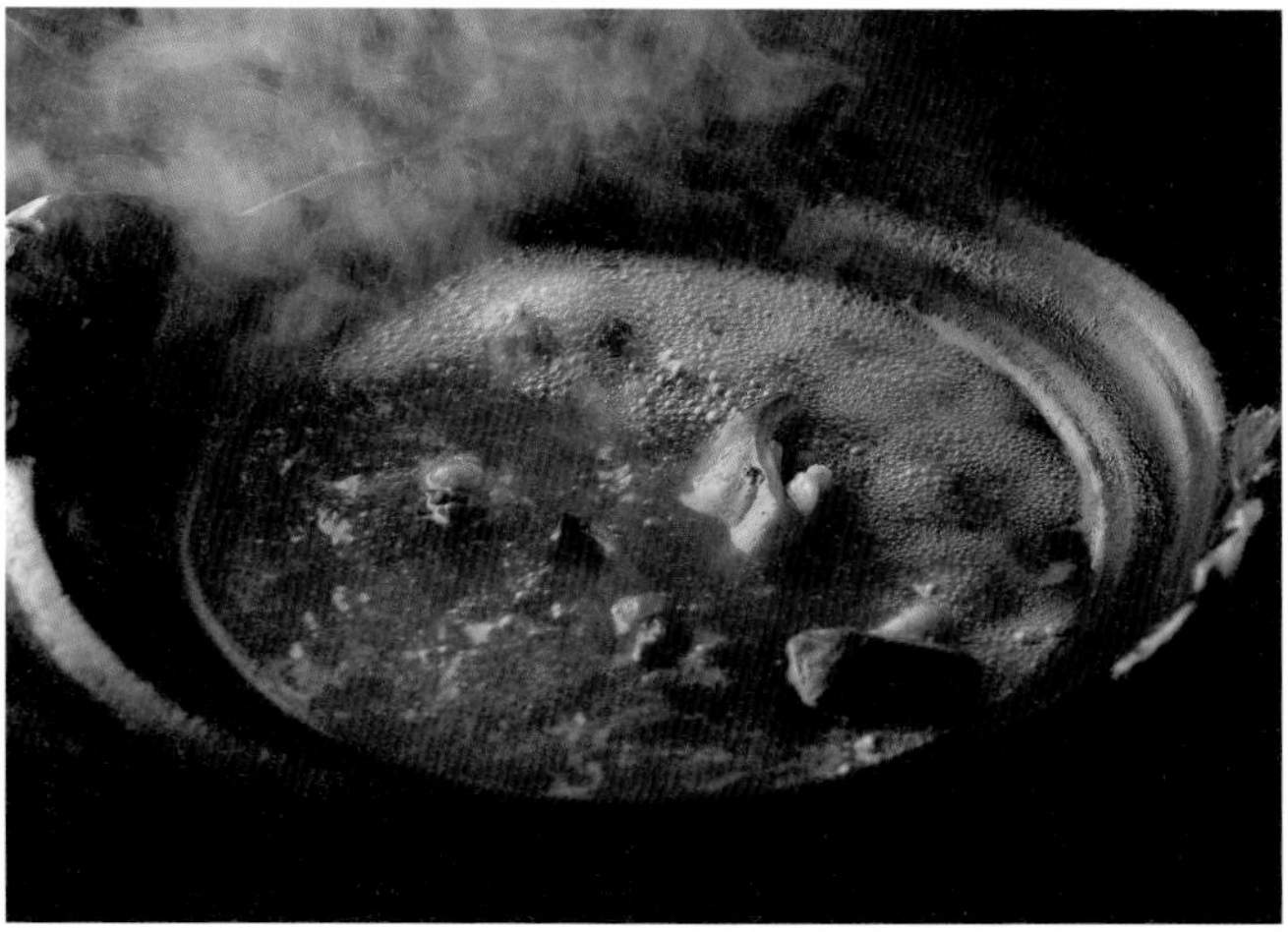

んが、それぞれの商店街には必ず何代も続いたお店が暖簾を守っておられます。商家ではお朔日《ついたち》に、必ずお赤飯をいただき、去る月の無事と来たる月の商売繁盛と家内安全を神様、ご先祖様に御礼を申し上げ感謝のお祈りをさせていただくということが習わしとなっております。お赤飯のことを京都では〝おこわ〟と申します。この頃では、ご飯の炊き上がり具合を硬い柔らかいという形容詞で表現するようになってしまいましたが、元来それは、強《こわ》い・柔らかいと表現するのが正しいものであります。お赤飯は、普通のご飯よりも粘り気の強いもち米を使用しておりますため、歯ごたえも強く粘り気も多くなります。故に強い飯、強飯、おこわと呼ぶようになりました。赤い色の元となる小豆には殊の外、縁起を担ぎ、家中一統、全員もれなく一粒でも口にせねばならないこととなっております。子ども時分、私も祖母から「おこわをいただくときは絶対みんなを呼んで一粒でもいただくようにしなあきまへん。食べへんかったら〝小豆外れ〟と言うて、その人はもちろん家中のみんな縁起が悪うなってしまいます。あんたは跡取りやさかい、これだけは大きなっても絶対に覚えとかなあきまへん」と怒られたものでございます。というわけで、今でも〝おこわ〟は私の大好物となりました。

　生涯一番の〝おこわ〟は「虎屋黒川」さんの特製お赤飯でございます。このお品は常時店頭で販売なさっているものではございません。名店中の名店「とらや」さんの名物は羊羹をはじめ数々ございますが、この〝おこわ〟は知る人ぞ知る隠れた絶品でございます。国産小豆がもつ独特ながらも品の良い天然の色合い。一粒一粒のもち米の存在感。蒸し器で温めなおして染付のお茶碗によそいますと、どんなご馳走にも引けを取らない気位の高さを感じさせてくれます。この本では河井寛次郎先生がお作りになった独特のフォルムを持つひし形の食籠に盛り込みました。実に堂々たるものであります。成程これが何百年に亘り、宮中へお出入りなさっていたお店の正真正銘の〝おこわ〟ということが一目瞭然、誰にでもお分かりいただける圧倒的な存在感であります。

　皆様方のお家でも人生の節目やお誕生日などのお祝い事の折には是非〝おこわ〟をお召し上がりいただきたく存じます。〝おこわ〟に気の利いたお椀物の一つでもあればそれだけで十分日本人古来のお祝い気分を実感することができます。先日も私が主宰いたしますお料理教室がお蔭様で二千回を迎えさせていただきました。また大変おこがましいながら、国から「現代の名工」に認定されるというありがたいことがございました。その祝賀会を大阪高麗橋の「吉兆」さんの本店で開かせていただきました。その折の引き出物として迷わずこの「とらや」さんのお赤飯を皆様にご用意させていただきましたのも良い思い出でございます。

このお赤飯のイメージで何か一曲選ぶとすれば、私はベートーヴェン作曲「レオノーレ序曲第三番」が最適かと存じます。それもレナード・バーンスタイン指揮、ニューヨーク・フィルハーモニックの演奏でございます。バーンスタインはアメリカの音楽界におきまして、本領であるクラシックにおける指揮は言うまでもなく、ピアノ演奏をはじめミュージカルの作曲やジャズ、ポピュラーに至るまで、ほとんど全てのジャンルにおいて活動し、全てが世界の一級品であるという音楽史に残る大天才、大マエストロであります。今も燦然と輝く一九五七年初演のミュージカルの金字塔『ウエストサイドストーリー』を作曲なさったということだけでも驚嘆すべき才能でありますが、それはほんの一部に過ぎず、その膨大なる音楽活動はとてもここで述べられないぐらいの量と質を誇るものであります。クラシック音楽の殿堂として有名なカーネギーホールの救済公演「史上最大のコンサート」やメトロポリタンオペラ百周年記念ガラコンサートなど名だたる節目のコンサートには、必ず主賓としてバーンスタインがこの「レオノーレ序曲第三番」のタクトを振るというのが、ニューヨーカーにとっての一番の御馳走でございました。この曲は、元々ベートーヴェン唯一のオペラ「フィデリオ」のために作曲された十五分足らずの序曲であり、その劇的な物語性故、何回も改定され現在の形となり、オペラとは別に今では独立して演奏されることが多くなりました。無実の罪で牢獄に繋がれ辛苦をなめる中、残された妻の献身的な犠牲により解放され自由を獲得するという、ベートーヴェンが常に抱いていた理念、すなわち自由への人間讃歌、この至上のテーマをもっともコンパクトに凝縮した名曲であります。バーンスタインの広大無辺な人間性と燃え滾る情熱がこの序曲の中で融合しフィナーレとなって爆発します。何度聴いても飽きることなく常にポジティブな興奮を呼び起こしてくれること必定であります。

（註5）独参湯とは万病に効く起死回生の気付け薬。常に大当たりをとった出し物に対する形容であり、とりわけ『仮名手本忠臣蔵』などを指した。

# 12 ウィーンのジャム

巷間、「京都とパリはよく似ている」などとその類似性を指摘される文化人や料理関係者がおられます。確かに長くその国の都であり続け、共に成熟した文化が世界に誇るべきものであることは皆様ご承知の通りでございます。しかしながら、歴史的背景をはじめ、私は少なからず異論を持っております。

　パリは言うまでもなく、四百年以上に亘り西洋文化の中心であり、帝国の強大な軍事力や経済力をバックに全世界からありとあらゆるものが物心両面で集積された都市であります。一方日本は、キリスト教中心の西洋文明からすれば地政学的にも極東と言われる辺境に位置した島国であります。二千年に亘る独自の文化は中国や朝鮮半島の影響を受けたとはいえ、日本民族が独自に成熟させてきたものであります。中でも我が京都は千年に亘り、その文化の中心であり続けました。故に、明治に開国されるまで外国の、特に西洋の文明や文化に接触する機会は皆無に等しく、ほとんどその影響を受けることはありませんでした。

　また、それ以降においても海の玄関であった神戸や横浜は言うに及ばず、政治や経済の中心であった東京や大阪に比べれば、その近代化・西洋化には一歩も二歩も後れを取ってしまいました。しかし、それがかえって京都人特有の排他性と相まって、結果として伝統文化を損なわず維持し続けることができたのではないでしょうか。私から言わせれば、その良い意味での独善性こそが今日の京都を存在せしめる第一の魅力であります。

　パリやニューヨーク、ロンドン、ベルリン、並びに東京は、あらゆる国の文化や人が入り乱れ富が集積する、まさにメトロポリスであります。京都はその最先端からはあえて距離を置

・仏 エルメス製　金箔トレイ
・独 マイセン製　ジャムポット
・オールドバカラ　小箱
・墺 アウガルテン製　ティーセット

き、間にクッションを幾重にも重ねて、細心の警戒心を抱きながら取捨選択に注心すべきものだと私は思っております。

長らく世界一の名声をほしいままにしたウィーン・フィルハーモニー管弦楽団の独特の典雅な響きは、生粋のウィーン育ちのメンバーによってこそ紡ぎ出されるものでありましたが、昨今この聖域にも改革開放が進み、世界の名門音楽院から秀才を集めたばかりに、ウィーン・フィル伝統固有の妙音がなくなってしまったという説がございます。元々ウィーンはハプスブルク家の都といえども、ヨーロッパの中心からすれば「東の辺境」、すなわち「エスターライヒ」と言われた大いなる田舎都市であります。この点において、日本、特に京都の文化は多くの類似点を共有しております。せっかく高くした敷居をむやみやたらに削ってしまうと取り返しのつかないことになってしまいます。このウィーン・フィルの教訓を、実に肝に銘じたいものであります。

少々堅苦しいお話で力んでしまい、恐縮でございました。

デパートやスーパーの食料品売り場の中でも輸入品を見渡しますと、そのほとんどがイタリア製、フランス製、スペイン製でございます。オーストリアやましてウィーン製のものを見つけることなどはまずございません。

今から十五年ほど前、「明治屋」さんでウィーン製という珍しいジャムを見つけました。そのジャムこそが私が毎日、朝食のとき愛用いたします「シュタウト」のストロベリー・アプリコットのジャムでございます。大の甘党である私は、ありとあらゆる全世界のジャムを賞味させていただきましたが、確信をもって第一等と推すことができるのはこの限定品であるシュタウトでございます。甘さと酸味のバランスが譬えようもなく、スプーン一杯でウィーンの香りがかくもあらんかとばかりに広がります。トーストに「カルピスバター」をたっぷり塗り、その上にシュタウトのジャムを重ねるようにいたしますと、これまた複雑な旨味が幾重にも重なります。

　休日の午後、私は音楽鑑賞に浸るのを常といたしますが、少し癖のある塩味の利いたチーズにこのジャムとシェリーを合わしますと絶好のパートナーとなります。その時の愛聴盤は、サンソン・フランソワ演奏の、ショパンの「ピアノ協奏曲第二番」であります。いかにもショパンらしい甘く切ない第一主題の旋律の中、満を持してフランソワの鋭く厳しいながらも、これまた甘いピアノソロが切り込んでまいります。この瞬間は実に比類なく私の琴線に触れ、聴覚・味覚ともこれまた甘さで満たされることとなります。

# 13

## 京舞と春巻

　私が生まれ育ちました祇園町というところは、ご案内のとおり、京都と申すよりは日本を代表する花街でございます。京都には他に、先斗町、上七軒、祇園東、宮川町がございまして、祇園を合わせて「五花街」と申します。以前はこれに最古の島原を合わせ「六花街」としておりましたが、島原は現在では「角屋」さん、「輪違屋」さんとも建物が文化財に指定され、古の栄華を今に伝えておられます。

　東京の十分の一の人口にも拘わらず、未だにこれだけの花柳界が隆盛しておりますことは特筆すべき京都の魅力の一つでございましょう。

　中でも祇園町（我々地元の人間は「祇園」とは言わず、「祇園町」と必ず「町」と付けます。「祇園」だけですとただ単に地域を指しますが、「祇園町」と申しますと祇園甲部に属すお茶屋、芸妓、舞妓、料理屋などを含めた花柳界を指すこととなります）は随一の規模と格式を誇り、有名な「一力」さんや「富美代」さんはその代表的なお茶屋さんであります。

　五花街の芸妓・舞妓の中で唯一祇園町だけが「踊り」を踊らず、「舞《まい》」を舞うております。すなわち、他所の花街は京都と言えども尾上流、花柳流、藤間流などの所謂歌舞伎をオリジンとする踊りの流派がお師匠さんであります。しかしながら祇園町だけはお能を始祖とする、井上流の井上八千代さんを唯一のお師匠さんとして舞を習い、舞うことを必須といたしております。京名物の舞妓はんも「舞」を舞うからこその舞妓であって、その昔は他所の花街に舞妓など存在いたしませんでした。

　井上流の舞は目の覚めるような華やかさや賑やかさはございませんが、実に落ち着いてしっとりとした、またそれでいてお能を感じさせる、きっちりとした風格が必要とされます。その素晴らしい高い精神性を世に知らしめた先代八千代さん（一九

・清朝　時代手提食籠
・清朝　時代桃絵菱小皿

〇五～二〇〇四）の舞姿は、天下の名人として今も好事家の中では語り草となっております。

馴染みの芸妓衆を誘って一緒にお食事を楽しむということを、京都では「ごはんたべ」と申します。その時には、やはり和装に合った手前どものような日本料理屋が第一選択肢となるものでございましょう。故にプライベートなお食事となると、どうしてもこういうところは避けて自然と洋食屋さんや中華屋さんへ足が向くようになります。

我が街には「竹香」さんと「盛京亭」さんという二軒の古い中華料理屋さんがあります。私も子どもの頃から数えきれないくらい、このお店には通いました。この二軒のお料理の特徴は、和食の延長ともいえるようなさっぱりとした後味でございます。食材こそ鳥や豚、牛などを使いますが、ほとんど香辛料を使わないそれは決してしつこくなく、和装の麗人が召し上がっていても誠に違和感のないお料理でございます。

殊に「竹香」さんの春巻は、ご来店のお客様のほとんどが注文なさる名物でございます。明治生まれの先代八千代さんが高弟を引き連れて、おちょぼ口でも召し上がれるように小さくカットされたこの春巻を美味しそうに召し上がっていたお姿が目に残っております。本格的な広東料理とは全く別物の、京都にしかないお店でございます。

これまで毎章クラシック音楽のイメージとの共通性を申し上げてまいりましたが、本章は日本音楽、それも京舞の地でありますところの地唄とさせていただきましょう。それもシリアスなものではなく「下戸すべらして」「わしが在所」「勤行寺《ごんぎょうじ》」などの粋な唄がぴったりでございましょう。

# 14

## 鰻とブラームス

手前どものような食べ物屋に生まれ育ちますと、人様のご飯時に家族そろっての食卓などは定休日に月に一度あるかないかぐらいのものであります。もちろん子どもながらにも「お商売第一」という絶対定理を父母に諭されるまでもなく、知らず知らずのうちいつの間にか理解しているものでございます。

父方母方の両祖母とも同居していたこともあり、毎日の食卓は姉と私、両祖母の四人で済ますということが往々ございました。祖母は二人とも生まれ年は明治三十二年と明治三十四年の完全なる戦前の教育と価値観をもった、所謂〝明治女〟と言われる人たちでございましょう。今から思い起こせば、まず普通のお家では考えられないでしょうが、同じ食卓を囲みますが四人とも献立は別々となりました。

父方は死ぬまで一度も牛肉や牛乳を口にいたしませんでした。まずおかずといえば、「水菜とおあげの炊いたん」、「大根のふろふき」のようなお野菜が主菜であり、魚類といえば「ぐじ」か「かれい」をほんの一切れといったところでございます。対照的に母方は女学校時分からハイカラで鳴らしたせいもあり、朝食はミルクティーにバターとジャムを添えて、といったようなものでありました。姉は牛・豚・鶏ともにお肉があれば文句は言いません。私は子どもの頃大のお肉嫌いで、給食もお肉が出ると絶対に食べ残して先生に怒られたものであります。

この四人の下ごしらえを、夕方母が店に出るまでにしておいてくれます。これを各人バラバラに料理をして食卓に持ち込むといった有様とご想像くださいまし。実に奇妙な夕餉でございます。この四人誰もが大好きで文句を言わないご馳走が、鰻でございました。

というわけで、誰かのお誕生日や、今日は張り込んでという時には、必ず鰻が登場いたしました。

その頃の京都で鰻といえば、まず錦市場あたりの川魚屋さんで棒のまま一本丸ごと焼かれたものを買い求め、家で温めなおしていただくというほうが主流で、一度蒸してから焼くという東京風は鰻屋さんでしか口にすることはございませんでした。

ご案内の通り、鰻はその捌き方、焼き方において江戸と上方、東西の違いがはっきりと区別されております。京・大阪風の利点は、直焼きすることにより鰻のもつ脂の美味しさを逃さないことが第一であります。江戸風は白焼きした後しっかりと蒸すことにより、川魚独特の生臭みや皮の硬さを無くし、とろけるような柔らかさを身上といたします。これは私が考えますに、関西よりも関東の河川のほうが、川幅も広く流れも豊かであったため、より大きな鰻が獲れたことと思います。しかしその大きい分、骨も硬く皮も厚く、直火焼きだけでは召し上がりにくかったのかと想像します。いずれにしましても日本料理の中で鰻は江戸風の蒲焼きが関西をも席捲しております。

東京へ参ります楽しみの一つは、この鰻の蒲焼きの食べ比べでございます。きら星の如く名店・老舗がある中で、それぞれのお店が個性豊かに伝統を守っておられます。その中で私が最も恋い慕うのは、神田「明神下神田川本店」さんの蒲焼きでございます。お江戸の面影を残すお店の佇まいとともに、「ああ、戦前のお味は多分こうだったんだなぁ」と思わせる風格を兼ね備えておられます。

全くその味付けはブラームスの交響曲のようで、輪郭線がくっきりと迷うことなく存在します。ブラームスは作品数が少ないことで有名ですが、一曲一曲あらん限りの楽想やテクニック

を駆使し、まさにその完成度においては比類のない作曲家であります。常に聴衆を説得し、納得させるだけの力があります。この「明神下神田川本店」さんの蒲焼きも、一口目も、また食べ終わっても「う〜ん、う〜ん」と唸らざるを得ません。こういう結構なものは、お江戸にしかございません。

# 15

# フルーツポンチと「メントリ」

最も多感な学生時代の五年間を東京で過ごしたせいか、毎月欠かさぬ彼の地への出張も半分は里帰りのような感じを抱くものであります。所用の後の会食が眼目であることは言うまでもありません。

神田須田町界隈は奇跡的に空襲を免れ、戦前からの町並みが今なお残存する、誠に江戸情緒を伝える区域でございます。ここら辺りに私が何十年と通う名店が軒を連ねております。「神田藪蕎麦」さん、鶏鍋の「ぼたん」さん、アンコウの「いせ源」さん、洋食の「松栄亭」さん、喫茶の「ショパン」さん、粟ぜんざいの「竹むら」さんなど……それぞれがお江戸の味から東京の味への時代の変遷を体現なさっている老舗ばかりでございます。

少し表通りへ出ると「近江屋洋菓子店」さんがあります。先程のお店とは少しイメージの違うモダンな店構えでありますが、全くもって堅苦しさはなく、清潔で入店しやすい店構えをなさっております。「サバラン」をはじめ古典的な洋菓子のラインナップがショーウィンドウに並びます。

ここで特筆すべきはお土産用のフルーツポンチの瓶詰めであります。何の変哲もない大ぶりのガラス瓶に色とりどりのカットフルーツが誠に鮮やかに詰められております。一幅の静物画のように大胆に、かつ計算され尽くした配置、配色の妙と言えるものであります。他所さんのフルーツポンチと言えば、果物の大きさがサイコロと同様のものが大半でございますが、ここは一切れが可能な限り大きくカットされております。故に、一つ一つのお味がしっかりと認識できます。と言っても、けっしていただく時に不便を感じない、実に絶妙な大きさなのであり

・仏 バカラ製　クリスタル鉢
・永楽即全造　呉須赤絵鉢

ます。漬け込むシロップも濃くなく薄くなく、果物本来の持ち味を損なわないお加減であります。

こういうものは得てして店頭でいただく時よりも持ち帰り用となるとどうしても果物の新鮮味が無くなり、大抵は作り物じみて所謂コンポートとなってしまうものですが、この「近江屋」さんの瓶詰めだけは翌日でも翌々日でもあたかも目の前でカットしたかのような清新な醍醐味を失うことはありません。パイナップルやキウイ、ブドウなど、それぞれが際立った個性を維持しながらも主張し過ぎず、シロップという共通項によって完全なる調和と融合を遂げております。これはまさしく室内楽、それもピアノ三重奏曲の世界と言えるものであります。

ベートーヴェンの諸作、シューベルトの一番・二番など、ピアノトリオの名曲は枚挙に暇がありません。その中でも、俗にクラシック通の間で「メントリ」と言われるメンデルスゾーンのピアノ三重奏曲一番・二番は、早熟の天才メンデルスゾーンが溢れんばかりの楽想を巡らせた甘美極まる名作であります。ピアノ・ヴァイオリン・チェロ、それぞれが組んずほぐれつ絶妙のバランスを保ちながら、メロディ・ハーモニー・リズムともにこれも完全なる調和と融合を遂げております。

しかしながらこの曲もフルーツポンチと同様、厳格で武骨な印象は微塵もなく、どこまでも心癒す、独特の甘く優しい空気を具えております。

# 河井寛次郎先生の器

河井寛次郎先生は、祖父、父、私と続く「浜作」三代九十有余年の歴史の中で、最もお世話になった陶芸家であります。言うまでもなく近代陶芸史における巨人であり、その唯一無二の芸術世界において、無私無欲、世俗的成功をいっさい求めず、生涯一陶工を貫かれた高潔なる人間性において、慈悲に満ち溢れた誰をも包み込む温かいお人柄は、全く河井寛次郎の前に河井寛次郎なし、河井寛次郎の後に河井寛次郎なしと言うべき真の芸術家であります。先生が生涯追い求められた「用の美」とは、すなわち器は民衆の生活に用いられてこそ、その美しさが裏付けされるという哲学であります。巨匠である先生の作品集は数えきれないくらい出版されております。しかしながら、その器に料理を盛り込んだ写真は殆ど目にしたことがございません。先生の信条である「用の美」からすると、誠に不思議なことと申せましょう。この本を作るにあたって先生の素晴らしい器に稚拙な私の料理を盛り込みました。大人と子どものようで甚だお恥ずかしいこととは存じますが、広く大きく深い先生の心の懐に包まれたおかげで曲がり形《なり》にも何とか格好がついたような気がいたしま

辰砂丸食籠

す。先生の偉大な作品はすなわち先生の偉大なお人柄そのものだとあらためて確信させていただきました。「マリア・カラスの前にマリア・カラスなし、マリア・カラスの後にマリア・カラスなし」

「世の中にはハイフェッツとその他のヴァイオリニストがいるだけだ」。

人間を心の底から感動させることができるという、すなわち一時代を画する芸術家の生涯というものは、それぞれその道への飽くなき探求、限りなき献身、すなわち命を賭した芸術の神様とのやり取りによって初めて運命の女神を味方につけることができ、その偶然を必然と為しえて求める道を大成することができるものだと思います。残念ながらもう先生にお会いすることは叶いませぬが、遺された多くの作品を直に手に取ることにより、充分、至高の芸術世界を感じることができます。何と有りがたく幸せなことでありましょう。同じく五、六十年前に録音されたクラシック黄金期の名演奏のLPレコードを、お気に入りのオーディオ装置で再生することによって、カラスやデル・モナコの歌声に酔いしれ、ハイフェッツの弦やホロヴィッツのピアノの音色に心ゆくまで浸ることができます。この時もまた私の至福の時間であります。

扁壺

辰砂桜紋大陶額

［奥］碧釉瓜鉢　［手前］水色海鼠釉丸鉢

# 16

## 夏はお茶漬け

テレビが白黒からカラーへと変わる頃、ちょうど私が小学生の時、毎週視聴率三〇～四〇％という驚異的な数字を獲る「ありがとう」や「肝っ玉母さん」、「時間ですよ」などのいわゆるホームドラマが数多く放送されておりました。

その舞台のほとんどが東京でございました。必ずと言ってよいほど家族で食卓を囲む場面があり、山の手の場合はダイニングテーブルに椅子、下町の場合は畳に卓袱台とお座布団というように誠に分かりやすい状況設定は、ドラマのその家庭のもつ雰囲気を視聴者に理解させるには大変説得力のあるものでございました。

例えば朝ごはんの場面は、お母さんの役割で、大根か、お葱などのお味噌汁の具をトントンと包丁で刻んでいる姿がイメージされます。一方お父さんは、会社帰りに一杯飲んでほろ酔い気分での帰宅後、残った冷ご飯にお茶をかけてのお茶漬けをサラサラとかき込むといったところでございましょうか。

しかしながら実際は、関西、特に京・大阪では朝ごはんにお味噌汁はあまり出てまいりません。その代わり、ご飯の相手はお漬物が不可欠となります。そうなるとお汁気がございませんので、熱いお茶をかけてのお茶漬けでご飯粒をさらえて、「ごちそうさまでした」というところがスタンダードでございます。

近頃では東京でも京漬物がデパートに行けば手軽に手に入れることができるようになりました。昔はほとんどが自家製でございますから、毎日糠床を最上の状態にしておくには細心の注意と手間が必要でございました。故にお漬物が揃わない時も間々ございます。そういうときには塩昆布や佃煮が大活躍いたします。

京・縄手三条下ルの「かね正」さんの「お茶漬け鰻」は、その中でも京名物の一つに数えられる上等の逸品であります。副菜というよりは立派な御馳走となるべき堂々たる存在感でございます。

誠に手前味噌な話で恐縮ではありますが、拙店の創業以来、数々のお客様にご愛顧いただいた夏の名物に「鰯の印籠煮」がございます。冷蔵庫など保存技術が発達する以前、また宅配便などの輸送手段も整わない頃に、酷暑の中でも一年以上日持ちし、あたかも旅道中における印籠のように持ち運びができるため、「印籠煮」と谷崎潤一郎先生に命名を賜ったものでございます。

一九二七年の創業間もなく初代主人が苦心の末に考案したもので、食欲が急激に減退する京の厳しい夏に最適の、極辛口のお味付けでございます。これまた京名物の「村山」さんの「千鳥酢」で、全く脂の乗っていないマイワシを六時間ほど骨の無くなるまでしっかりと炊き込み、一度そのお酢を全部捨ててしまいます。その後、濃口醤油だけで鍋に一滴もお汁が残らなくなるまで煮詰めます。こうすることによりイワシ独特の生臭みは消え去り、ほのかな酸味と風味はそのままに、温《あ》つご飯やお茶漬けにぴったりの「印籠煮」が出来上がります。

この「印籠煮」は五月、六月と毎日鍋を炊き上げますが、拙店のご近所、八坂神社の鳥居を過ぎるぐらいからこの「千鳥酢」が煮詰まった独特の香りが漂い、「ああ、今年も浜作さんが鰯を炊いてはるなぁ」と囁かれる季節となります。

蒸し暑く七時近くになってもまだ十分明るい夏の夕暮れ、肩肘はらずゴロゴロして何か聴こうと思い棚から取り出すCDは決まってボサノバとなります。ボサノバは本来ブラジルのリオデジャネイロで五〇年代にできた音楽であります。ジョアン・ジルベルトとアントニオ・カルロス・ジョビンが二人で作りました、多分皆様が「ああ、この曲か」ときっとお耳にされたことがある代表曲が「イパネマの娘」であります。リオデジャネイロ市街の目前に開けるビーチがすなわちそのイパネマ海岸であります。そこを通る美少女をイメージしてジョビンが即興で作った曲であります。アメリカのメジャーレコードがそれを聞きつけ二人をアメリカへ招き、初めは現地語であるポルトガル語で録音しました。その余ったテープに通訳として同行し

・清水六兵衛造　絵高麗茶碗
・永楽妙全造　絵馬形手塩
・独楽盆

ていた夫人のアストラッド・ジルベルトがおまけとして英語版を録音しました。不思議なことにポルトガル語の原曲はあまり注目を浴びませんでしたが、おまけで録音した英語版は、空前の大ヒットとなりました。考えてみればポルトガル語を解せる人はほぼポルトガル人とブラジル人しか世の中にはおられません。その反面英語を話す人は、世界に何十億人といる訳ですから、これも理の当然であります。これが現在人口に膾炙するボサノバの事始めであります。夏の気だるい夜はボサノバとお茶漬けに限ります。

・水族館　銀彩青海波造り鉢
・河井寛次郎造　花絵四角小皿

# 17

# 酸っぱくないトマトサラダ

昭和落語の名人・五代目古今亭志ん生の十八番に「妾馬《めかうま》」という噺がございます。さる大名が偶然見初めて側室にした裏長屋の娘がお世継ぎを産むことにより、粗忽者のその娘の兄が出世してお殿様に拝謁し繰り広げる破茶滅茶な騒動を描いたものであります。その中で敢えて「ご懐妊」という言葉を使わず、「酸っぱいものを食べたくなった、なんぞと言い出して」という絶妙な表現を使っております。なんでも妊娠初期は無性に酸っぱいものを欲するそうで、到底男性には想像もつかない生理現象と言えます。ここらあたりが殿方は酸っぱいものが苦手という傾向の源であるのかも知れません。

かく言う私もご多分に漏れず、酸っぱいものが苦手であります。特に子どもの頃からトマトの口を窄《すぼ》めるような酸味が身震いするほど嫌いでございました。私の学生時代までは、現在のような本場仕込みのイタリア料理やスペイン料理のお店はほんの僅かで、パスタといっても日本人好みに合わせてケチャップを多用した甘口のミートソースやナポリタンが主流でございました。おかげで、特段この日本風イタリアンが苦手と思ったことはありません。もっとも、トマト自体も今のようにまるで果物のように甘く品種改良されたものが流通していたわけでもなく、角のある青酸っぱいものがほとんどでしたからか、ケチャップの力を借りなければならなかったのかも知れません。

トマトの学名は「*Lycopersicon esculentum*」（註6）というそうで、ラテン語でリコペルシコンは「狼（lycos）」と「桃（persicon）」を合わせた言葉で、エスクレンタムは「食べられる」という意味を表すそうです。遠く離れた新大陸から運ばれてきた真っ赤なトマトは当時のヨーロッパではさぞ珍しく貴重なものであったことと思います。そこで「狼の桃」とは、全く

逞しい生命力を内に秘めるということを想起させる、実にユニークな命名であります。

一方、本邦では江戸時代に遡って初めは観賞用植物として輸入され、明治になって洋食の普及とともに日本全国に広がりました。和名では「唐柿」「赤茄子」などと呼ばれ、早くからその栄養価の高さは特筆すべきものであり、柿と同じく「トマトが赤くなれば医者が青くなる」と言われたほどであります。中でも赤い色素の成分であるリコピンは、その高い抗酸化作用を誇ります。かくのごとくトマトの優性は枚挙に暇がありません。

筋金入りのトマト嫌いの私が初めて積極的にお箸を進めた（それまでは義務のように食べていた）「美味しい」一鉢が「ざくろ」さんのトマトサラダでございます。「ざくろ」さんは当時大人の街とのイメージが色濃く漂う赤坂にあったTBS会館の地下の食堂街にございました。銀座をはじめ、都内各所に支店を構えておられます。

このサラダは独特のドレッシングにより、見事にトマトの酸味を旨味へと変換しておられます。詳しいレシピは存じませぬが、少し甘味が残るお醤油ベースの味付けが絶妙であります。人間、長年嫌いであったものや苦手なものが何かのきっかけでそうでなくなるといったことほど記憶に残ることはありません。ゼロから新しいものを見出す時以上の衝撃が残るものであります。四十年経った今でもこのトマトサラダは私にとりまして、味の趣向だけではなく、料理に関する哲学的なことまでも考えさせてくれています。すなわち、一見短所と思える素材の持ち味を工夫により長所に変化させるということであります。それぞれの個性を生かしながらもバランスを考え、角張った味を円に近付ける、これこそが最も基本的な料理の目的の一つであります。

この点において第一ヴァイオリン、第二ヴァイオリン、ヴィオラ、チェロ、この四人で構成される弦楽四重奏こそ同じ目的を持つものでございましょう。ソリストとしての力量十分の名手四人がタッグを組むわけでありますから、下手をすればそれこそ個性と個性のぶつかり合いとなり聴けたものではございません。かといって一瞬でも譲り合う謙譲の心持ちなどを持とうものなら、それこそ溶けかけたソフトクリームのような甘ったるく締まりのない予定調和で終わってしまいます。ここに必要なことは最大限懸命に力と個性を出し尽くしながらも決して場外乱闘とはならず、一×四の掛け算の結果が四では終わらず、七ないしは八、最高十となるところがカルテットの醍醐味であります。まさに一触即発、最もスリリングでエキサイトするジャンルの音楽芸術であります。

弦楽四重奏曲の最高峰は言うまでもなくベートーヴェンの傑作の数々であります。一つとして駄作のないところが、ベートーヴェンが楽聖と呼ばれる所以であり、峰々が高く連なる山脈の如く流麗ながらも重厚長大なる世界がそびえ立っております。お勧めの一枚は弦楽四重奏曲第十四番、バリリ・カルテットの名演奏でございます。

（註6）*Solanum lycopersicum*が現在の正式な学名。*Lycopersicon esculentum*という二百年を越えて通用してきた学名（トマト属という見方）から、属性の解析結果本来の学名（ナス属に由来している）に戻った次第。

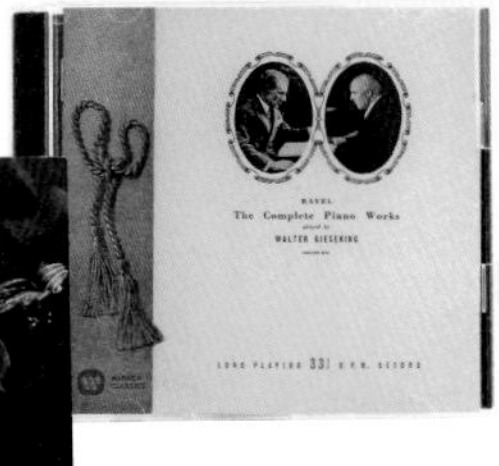

浜作芦屋サロン ピアノルーム

# 芦屋ピアノサロン

一九二七年の創業以来、永らく本店を構えました祇園富永町から「祇園さん」（八坂神社のことを地元の京都人はこう呼ぶ）の正面の鳥居前に元々手前どもの自宅でありました「鶴庵《かくあん》」を新装いたしまして、二〇〇三年に本店を移しました。その折、手前どもの本領であります板前割烹の舞台、樹齢三百年の尾州産総檜のカウンターは寸分違わず一階に移築復元いたしました。二階にはお食事の前後に食前酒やデザートと共にゆったりとした時間をお過ごしいただくサロンを設えました。私の大好きなフランスの作曲家、クロード・ドビュッシーのペンネーム「Monsieur《ムッシュ》 Croche《クロッシュ》 Anti-Dilettante《アンティ ディレッタントゥ》（反好事家八分音符氏）」に因んで「サロン・ド・アンティディレッタントゥ」と名付けました。

長年の夢でありますサロンコンサートを開くためにはピアノが必要であります。京都の森田ピアノ工房に、実にユニークな一台を見つけました。国内に数台しか現存しない一九二〇年ニューヨーク・ウェーバー製のパンチングロール再生式の自動演奏ピアノであります。古くはショパンの名手でポーランド初代首相となった伝説のピアニスト、パデレフスキーの「ムーンライトソナタ」や、ジョージ・ガーシュイン自作自演の「ラプソディ・イン・ブルー」からホロヴィッツやルービンシュタインのショパンやラフマニノフなどの極め付きの名演が紙巻ロールのソフトにパンチングされ、微妙なニュアンスまでも正確に再生することができ、懐古趣味の私などには往時を思い巡らせるに最適のピアノでございます。

二〇一八年、ご縁あって阪神間の芦屋の山中に別荘を求めました。根っからの京都人であります私がなぜ芦屋なのかと皆さんお尋ねになられます。関西におきましては「芦屋」という土地の名の響きは別格であります。大阪が日本一の商業都市「大大阪」と呼ばれ、神戸が日本一の港湾都市として隆盛を誇っていた大正中期から昭和初期にかけて、その中間地点である芦屋が二大都市の富を背景に日本最初の高級住宅地として開発されました。東京の田園調布や成城などは遥か後年になってこの芦屋を模したものであります。祖父母の時代から旧弊でガチガチに縛られた古都、京都から見れば所謂「阪神間モダニズム」が花咲く彼の地は、まさに別天地であったことでしょう。父も常々「おまえが一人前になって三代目として店を譲ったら、老後は芦屋でゆっくり暮らしたい」と申しておりました。しかしながら、思いは叶わず一九九一年に五十八歳で急逝いたしました。斯くの如く、祖父そして父よりの念願叶いまして「Salon de Anti-Dilettante ASHIYA HAMASAKU」を開設させていただきました。六甲山を借景にした谷あいの森を見渡す絶景とルイ十五世ロココ様式の調度品にペルシャ絨毯を敷き詰めた純西洋風の空間といたしました。このサロンの中心には、二階までの吹き抜けの空間に年代物のシャンデリアが煌めいております。ここをピアノサロンと定めました。その主役となるピアノにはやはり有名なスタインウェイ、或いはベーゼンドルファーのいずれかが良いのではないかと思い、先述の森田ピアノ工房に早速、依頼いたしました。それから暫く経って二、三の候補が見つかりました。そのことを長年の顧客である原田勲様にご相談しました。原田様は「ステレオサウンド」という世界一のオーディオ雑誌を出す音楽出版社の創業者であり、音楽についての造詣の深さはもちろん、和洋のお料理、とくにワインについての見識は趣味が高じて「ワイン王国」という愛好誌まで創刊なさったという日本を代表する稀代の粋人であります。

「原田さん、今度の芦屋のサロンに入れるピアノとして頃合いのスタインウェイが見つかりました」と申し上げた所、「浜作さん、スタインウェイは確かに良く鳴りますが、あの大理石の御家ではちょっと鳴りすぎるのと違いますか?」と、おっしゃいました。続けて「私はあのサロンの様式に合うようなフランス物の何かオシャレなピアノが良いと思いますがね」とおっしゃいました。私が「それならエラールかプレイエルでしょうか」と申し上げると、すかさず「エラールがよろしいな」と言い切られました。その場で森田さんに「やっぱりスタインウェイはやめてエラールはないですか?」と唐突に申し上げた所、「エラールなら丁度、うちに素晴らしいピアノがあります。ただ一九〇三年製で百十五年経っておりますので全面的な解体修理が必要です」とのお話でした。「とにかく今から拝見に行きます。試し弾きもして貰わなあきませんからピアニストも一緒にすぐ参ります」と電話を切り、原田様とピアニスト二人を連れて早速工房に伺いまして、それぞれのピアニストにショパンの練習曲二十五―一「エオリアンハープ」とラヴェルの「亡き王女のためのパヴァーヌ」を試弾していただきました。得も言われぬ柔らかい音で京都弁で言うなら「はんなり」と「まったり」を合わせたような実に繊細な音色でございました。よくよく考えれば、我が家はサントリーホールやフェスティバルホールのような大コンサートホールではございません。故に、千人を超える聴衆のためにより大きく高い音を奏鳴することを目的としたスタインウェイやベーゼンドルファーなどの名器が合うはずがありません。まったく原田様の的を射たご助言のおかげで、このエラールの貴婦人は今では何十年も前からそこにあったかのようにぴったりと収まり独特の存在感を放っております。このエピソードにより、我がサロンのテーマ曲は「亡き王女のためのパヴァーヌ」と決めております。

# 18

## 板わさとソナタ

「天にあらば比翼の鳥、地にあらば連理の枝」とは、固い契りで結ばれた夫婦を賛えた言葉でございます。昔から親子は一世、夫婦は二世、主従は三世と申し、それぞれ立場の違いはあろうとも、社会的動物である人間にとり、「相方=パートナー」は実に必要欠くべからざる存在であります。

音楽において、ピアノなりヴァイオリンなりの楽器をひとりで演奏する独奏をソロ、二重奏をデュオ、三重奏をトリオ、四重奏をカルテット、五重奏をクインテット…と呼びます。なかでも人としての相性が前面に出て、冒頭の言葉がもっともよく当てはまるのは、ピアノとヴァイオリンもしくはチェロが四つ相撲のように組み合うソナタでございましょう。よく巷では、モーツァルトでもベートーヴェンでも、単に「ヴァイオリンソナタ」と呼ばれることが多いですが、私は「ヴァイオリンとピアノのためのソナタ」と呼びたいと存じております。なぜな

ら、それぐらいの名曲となりますと、ピアノの演奏は単なる伴奏という域を超え、技巧においても音楽性においても、非常に高い水準のピアニズムが必要とされるからであります。各々のパートが、「主題＝テーマ」を時には競い合うことで緊張感を保ち、また微妙な和声と調性を以てして、音楽的融合を図らねばなりません。すなわち、その火花を散らすような組んず解れつの応酬が、私ども音楽好きにはたまらないものであります。数ある名曲揃いのなかで私は、セザール・フランクとガブリエル・フォーレ、このふたりのフランスの作曲家のものが一番の愛聴曲でございます。正統なるドイツ系の重厚さはありませんが、いかにもフランス風といえるエスプリやペーソスに溢れた、とてもお洒落な曲でございます。

　唐突に食べ物の話に移りますと、このソナタの関係性をもっとも連想させるものが所謂「板わさ」と呼ばれる蒲鉾とわさびの相性でございましょう。蒲鉾を「板」と呼ぶとは誠にお江戸らしい名称であります。それこそ、生醤油におろしたてのわさびを添えると、ただの蒲鉾が一変して他所行きのひと皿と格が一段あがります。お江戸の老舗のお蕎麦屋さんで、老紳士が板わさをつまみに熱燗を嗜んでおられる昼下がりは、京都人の私がいつも憧れる光景でございます。

　お江戸では、小田原あたりの真っ白でぷりぷりとした蒲鉾が好まれるようでありますが、我が関西では京都祇園の「いづ萬」さんの「小袖」と、神戸の「かいや」さんの「焼きとうし」を絶品といたします。「いづ萬」さんの「小袖」は、「粋も無粋もやわらこふ」と「京の四季」に詠われたお豆腐をイメージするように、どこまでもふんわり柔らかく非常にあっさりとして上品な味わいを創業百七十五年にわたって守っておられます。一方、神戸の「かいや」さんの「焼きとうし」は、しっかりとした歯ごたえをもち、味醂をきかせた濃厚で深い味わいを特徴といたします。謂わば、「かいや」さんは王様で「いづ萬」さんは女王様と呼べるものであります。神戸のお店に電話で注文すると、それが届くまで大変待ち遠しく、浮き浮きするほどの逸品であります。全く他に喩えようのない、十二分の満足感が得られること必定であります。この王様にぴったりの相方は、これもまたわさびの王様といえる、信州穂高山麓・安曇野の「有賀」さんの「真妻《まづま》」種の三年物でございます。私の知るところ、奥深い風味と鮮烈な刺激が絡み合ったこの最強デュオに勝るものは他にございません。

・鎌倉彫　捻梅盆
・50年使い続け摩耗した銅製下ろし金

・藤田喬平造　ベネチア徳利
・魯山人造　緋襷備前角皿
・三嶋りつ恵造　猪口
・永楽即全造　角海老小付
・河井寛次郎造　小判皿
・三浦竹泉造　魚形箸置

# 19

## トンカツ一代

戦後間もなくの頃、我が国がＧＨＱ、いわゆる進駐軍の占領下にあった一時期、社会党が政権をとり、片山哲内閣が発足いたしました。その時、ある珍妙な政令が公布されました。食糧難を反映しての、いわゆる贅沢禁止令のようなもので、全国で十数を数える高級料理店が営業停止になるというものであります。拙店も、その高級料理店に指定され、従来のお料理をお客様に提供することができなくなってしまいました。思案の挙げ句、初代主人である祖父は、思い切って、トンカツ屋へと転業いたしました。幸い、片山内閣は短命に終わり、その政令は半

本家ぽん多四代目主人　島田良彦氏

19

年という短いものでありました。それに伴い、もとの日本料理屋へと復業した次第でありますが、九十有余年にわたる拙店の歴史の中でも、その半年間のトンカツ屋時代は実に興味深く、特筆すべき時代であります。トンカツ屋を始めるにあたって、河井寛次郎先生に器を注文し、大きく厚く切った最上のお肉をじっくりからっと揚げて、その重厚な器に負けないように盛り込みました。当店は当時、「一力」さんや「富美代」さんを代表とする、百軒に余るお茶屋さんへの出前を引き受けておりました。もちろんお料理は、純日本料理でございましたが、食糧統制下、なかなか戦前のように品数を揃えることは不可能に近いものであります。そのご時世にぴったりとはまった、手っ取り早く召し上がれて、高カロリーで栄養満点の特製トンカツは大評判を呼び、連日何百食の注文をいただき、大繁盛したとのことであります。日本映画黄金期の名匠・小津安二郎監督は、後年昭和三十年代に入ってからも、その頃を懐かしみスタッフ大勢とご来店の折には、実に腹持ちの良いこのトンカツを度々ご注文なさったと聞いております。

私が東京出張の折、まず第一に食べたいと思い浮かぶものは、上野の「ぽん多」さんのカツレツであります。「カツレツ＝トンカツ」発祥のお店として有名なこの老舗は、現在は四代目のご主人と、ご兄弟、ご家族、古くからの職人さんの少数精鋭で切り盛りされております。その仕事ぶりは一分の隙も無く、毎回いつ訪れても、快い緊張感、といっても決して堅苦しくない、端然とした清涼な空気に満ち溢れております。特に一階のカウンター席から見るお仕事ぶりは、手順といい、清潔感といい、無言の内にも三人のプロフェッショナルが完璧な連携をもって一皿を完成なさるのを間近に見物することができる特等席であります。恐縮ながら、私ども板前割烹と目的を一にするお仕事の段取りであります。

低温でじっくり揚げた衣は、意外なほど白く、他店のようなこんがりとしたきつね色ではありません。皆さん最初はこの白いトンカツにびっくりなさいます。上品な桜色をした厚切りのお肉の火の通し具合は誠に完璧で、豚肉がこんなに柔らかく、豊かな味だったのかと再認識をいたします。ソースもさらさらとした、後味の快い辛口で、甘ったるさもべたつき感も微塵も感じさせません。炊き立ての御飯と御漬物、豚汁の組み合わせはまさしく完璧な定食でございましょう。一品一品のトンカツに、これだけの完成度を追求して、口の肥えたご常連を連日満足させるということは、本当に難しいことだと思います。この一品にすべてを集中させ、名物となさり、それを四代にわたって正しく継承しておられるこのお店に、同じ食べ物屋として、敬意を表さざるを得ません。私が目標としたい、江戸っ子を地で行く、きっぱりとした東京の老舗の代表であります。

一九五七年公開のパラマウント映画「ファニーフェイス」（邦題「パリの恋人」）というジョージ・ガーシュイン作曲の傑作ミュージカル映画がございます。何の変哲も無い、自分では不器用だと思い込んでいた図書館の職員が、ふとしたきっかけからハイセンスで名高い「ヴォーグ」誌のモデルに抜擢され大スターとして成功を収めるというストーリーを、パリを舞台に主人公をオードリー・ヘップバーンが演じ、彼女を見出すプロデューサー役をタップダンスの達人フレッド・アステアが共演した心温まる名作であります。その中でヘップバーンが歌う「How Long Has This Been Going On?（いつからこんなことに）」というナンバーがございます。外見にコンプレックスを持っていた女性が「あなたの中には秘められた美しさがあって、それを引き出して磨きあげれば素晴らしい女性になる」とひたすら説得され、「ひょっとしたら私にもそんな素敵な魅力があるのかしら。まるでコロンブスが新大陸を発見した時のように」と嘆息しながら、決して歌のうまくないヘップバーンが心を込めて歌い上げます。数あるスタンダードナンバーの中でも私が最も愛する曲の一つで、オリジナルのヘップバーンの他ではジュディ・ガーランドの絶唱が一番のお気に入りでございます。

# 20

## 上方の塩昆布　江戸の佃煮

二〇二〇年のオリンピックに向けて、東京は再開発ラッシュに沸いております。下町では、戦前まで築地川や日本橋川をはじめとして無数の川があって、それを利用した水運交通網が何百年に亘って構築され、隈なく張りめぐらされておりました。一方大阪は、江戸の「八百八町」に対し、「八百八橋」と並び称された、これもまた「水の都」というべき資格を備えております。なかでも、淀川の支流である土佐堀川を北に、大阪城の御堀の名残である長堀川を南に、東を東横堀川、西を西横堀川で区切られた長方形の区域は「船場」と呼ばれ、江戸時代より永く大阪の、ひいては日本の経済の中心地であり続けました。我が京都の町中を含めたこの三つの地域こそ、「人」「富」「文化」が幾重にも集積された真の都会であり、古くは「三ヶ津」と呼ばれておりました。ほとんど今ではこの「三ヶ津」という言葉は使われなくなりました。歌舞伎役者で代々、坂東三津五郎という大名跡がございますが、この名前は江戸・京都・大阪の所謂「三ヶ津」で一番の人気者という意味で「三津五郎」を名乗っておられます。

御飯のお供として、京都ではお漬物がその代表であり、多くのお店が覇を競って、目抜き通りである四条通にも次々と出店なさり、全国各地の大都市のデパ地下にもパック詰めされた季節の漬物が並んでおります。この光景はまさに異様な「京都バブル」によってなせる業だと思います。一面では、京菓子と並んで京土産の二大

・永楽即全造　小皿いろいろ
・仁阿弥道八造　道八徳利
・古伊万里　猪口

・永楽即全造　仁清倣麦藁茶碗
・バーナード・リーチ造　絵替わり皿

名物と申せましょう。

かねてより私の東京土産番付のなかで、甘いもの以外では、浅草橋すなわち柳橋の「鮒佐」さんの佃煮を筆頭といたしております。先述の通り、柳橋は「水の都・江戸」の特徴と情緒を今なお色濃く残すところでございます。間近に広がる江戸湾で獲れた新鮮な魚介を、生醤油でとことんまで炊き詰めた本来の佃煮の正統であります。この店のモットーは、一切支店を出さず、昔ながらの伝統的な製法にあくまでこだわり、一切妥協せず、純辛口の江戸前を貫いておられます。この頃では塩分控え目の甘口のものが大勢を占めておりますが、「鮒佐」さんだけはそんなことは意に介さず、創業以来の製法を守り、生粋の江戸っ子の御贔屓を維持しておられます。私も炊き立ての白御飯に穴子やあさりをのせて、それに牛蒡を加えて熱々のお煎茶をかけていただきます。一瞬、私も江戸っ子になった気分で、「ああ辛口はいいな」と思わず呟きます。

逆に、全く味付けは違いますが、大阪の「神宗」さんの塩昆布は誠に上方を代表する逸品であります。「素にして上質」をお店のモットーとなさっておられる通り、とにかく原料の昆布はもちろんのこと、清酒、お醤油まで超一級品をお使いになっておられます。先代ご当主の尾寄さんは大変な趣味人で、歌舞伎・文楽・上方落語と続く大阪の文化を何とか後世に遺そうと、懸命に社会貢献を続けておられる数少ない代表的な船場の旦那衆でございます。私も二十代より、公私にわたって親しくご指導を賜る大文化人であります。ここの塩昆布は所謂「甘辛」の味付けで、はじめは「少し甘口かな」とお思いになると思いますが、最後の最後まで計算され尽くした、絶妙でオリジナルな塩昆布でございます。これまたこのお昆布で温つ御飯をいただくとき、私も「大阪人…船場」の人になった気分で「甘辛はええなあ」と思わず呟きます。この二つの名物こそ、東西の両横綱でございましょう。

チェロという楽器は演奏者によって全く違った色合いを表現できる楽器でございましょう。硬軟・強柔・天地・甘辛など両極のコントラストを一つの楽器で表現することができるのもチェロの特性でございます。例えばサン＝サーンスの「白鳥」などは甘みの極致であり、ブラームスのソナタなどは辛口の代表でございましょう。甘口であっても気品高くノブレスな一枚といえばピエール・フルニエ以外には考えられません。どれだけ甘美な旋律であっても、絶対に俗に堕ちない、人呼んで「チェロの貴公子」そのものであります。反対に辛口の代表といえばヤーノシュ・シュタルケルを第一に挙げなければなりません。全く情緒的な曖昧さを排除し、ひたすら楽譜に忠実な辛口の吟醸酒を思わせる趣であります。この二枚を聴けば、チェロの持つ広く厚い可能性を実感していただけることと存じます。

# 21

# お味付けは、交響楽

私はカウンターでお料理をしているとき、よく「浜作さんでは、どんなお醤油や味醂をお使いになっているのですか」という質問を、お客様や生徒さんから受けることがあります。最近では、厳選素材を用いた「究極の」とか「至高の」といった形容詞のついた高価なお醤油や味醂が店頭に並んでおりますが、拙店では、良質ではありますがごく普通の調味料を使用しております。多分、皆様のご家庭でお使いになられているものと変わらないと思います。あくまで、調味料は素材を美味しくいただくための脇役であります。いかに高価なものであっても、個性を主張しすぎるものは、「過ぎたるは及ばざるが如し」となってしまい、適当とは申せません。

例えばお吸い物について申し上げますと、まずひと口召し上がりになった時、「あぁ、美味しい」という感覚が大事なのであって、それを構成する昆布や鰹の一番出汁や醤油、味醂、塩などの調味料を意識させるようでは、本来の良いお吸い物とは言えません。全部の味が完全に溶け合い、調和がバランスよくとれて、はじめて、完成と言えるものなのであります。

前述の「ウィーンのジャム」では、ウィーン・フィルの音色の変遷について取り上げましたが、それを自分で確かめるべく私は、先日、東京でウィーン国立歌劇場の引越公演で、ワーグナー作曲「ニーベルンゲンの指環」という超大作のなかから、第一夜「ワルキューレ」を鑑賞いたしました。四部作の一編であるにもかかわらず、上演時間四時間に足る大作であります。ご案内のとおり、オーケストラピットには、ウィーン国立歌劇場管弦楽団＝ウィーン・フィルが入ります。ウィーン・フィルは、言わずと知れた、世界一の名をほしいままにするオーケストラであります。この楽団の秀逸なことの第一は、その一糸乱れぬハーモニーであります。コンサートマスターをはじめ、管

・初代より使われている調味料入れ
・チェリーテラス製　ソルトポット
・八木一夫造　桑原武夫先生筆古希記念杯

や弦の首席奏者には、いずれ劣らぬ世界的な名手が並んでおります。つまり、各々がソリストとして、立派にリサイタルが開けるほどの技量と名声を兼ね備えておられる方たちの集団なのであります。得てして、こういう場合、他のオーケストラでは、各パートにおいて、スタンドプレイが起こり、「和」を乱すこととなります。すなわち、俗に言うところの「不協和音」を生じる結果となります。しかしながら、ウィーン・フィルの楽団員は、作品自体への崇敬限りなく、栄光の歴史を歩んだ楽団への強い愛情、芸術家としての高い見識をもって、この衝動を完全にコントロールして、変幻自在、情緒纏綿たる融合を成し遂げておられました。第一幕第三場のジークムント、ジークリンデの愛の二重唱などは、その音楽的完成に、思わず落涙するほどの感激を得ました。

　少し大げさになりますが、私は、こういう感覚でお料理の味付けができれば、料理人としての本懐であると強く心に刻みました。即ち、重奏低音がお出汁やお酒、木管が味醂、金管が砂糖、第一ヴァイオリンが薄口醤油、第二ヴァイオリンが塩、チェロが濃口醤油、打楽器が生姜や柚子などの香辛料。食感や舌ざわり、温度がリズムを生み、この全てが渾然一体となったとき、素晴らしい交響楽のハーモニーが生まれます。コンサートと同じく、第一ヴァイオリンの長であるコンサートマスター＝薄口醤油が全体を引き締め、リードするというのが京都の料理法の根本であります。拙店では、日常の味つけで濃口醤油を使うことは、滅多にございません。薄口醤油は、長年マルテン醤油を愛用いたしております。決して他の領分を侵すことのない非常に慎み深い、かといって、骨組みを失わない優れたコンサートマスターであります。

STEREO
Richard Wagner
TRISTAN UND ISOLDE
Birgit Nilsson
Wolfgang Windgassen
Christa Ludwig
Martti Talvela
Eberhard Waechter
Karl Böhm
Bayreuther
Festspiele
1966
GRAND PRIX
DU DISQUE
PARIS
Richard
Wagner
DER RING DES
NIBELUNGEN
Wiener
Philharmoniker
GEORG
SOLTI
Richard Wagner
DER RING
DES NIBELUNGEN
Wiener Philharmoniker
GEORG SOLTI
DECCA
SONICSTAGE
Die
Walküre
NILSSON · HOTTER · CRESPIN · KING ·
VIENNA PHILHARMON
Richard Wagner
DIE WALKÜRE
Herbert von Karajan
GRAND PRIX
DU DISQUE
PARIS
EDISON

# 我が青春の歌舞伎

「希望は過去にしかない」という悲劇的哲学は、伝統芸能においてある種特別な意味合いを持ち、「昔はよかった」という言葉にたえず刺激を受けないかぎり、芸術的完成はありえない。これは私が愛してやまない歌舞伎についての三島由紀夫先生の言葉でございます。昭和四十年頃、三島先生がドナルド・キーン氏と歌舞伎座で、「義経千本桜」の二段目「大物浦」の場、所謂「碇知盛」を鑑賞なさっているときに、主役の二代目尾上松緑丈の演技を酷評し、松緑丈の師匠にあたる六代目（歌舞伎界では六代目といえば昭和二十四年に没した尾上菊五郎を指す）の知盛がいかに素晴らしかったかを滔々とお語りになりました。するとキーン氏は「三島さん、貴方のその昔はよかったというお考えが、現在の歌舞伎の発展を著しく妨げているのですよ」と、先生の意見に口を挟まれました。すると先生は「キーンさん、貴方は何も分かっていない」と激高して敢然と放たれた言葉が冒頭の一節であります。

私はこのエピソードを高校生のとき、三島先生の著書『芸術断想』で知り、大いに心を動かされました。その頃、歌舞伎やお能、文楽、日本舞踊などの古典芸能を始め、美術や工芸ひいては日本料理なども含めた文化や技術、所謂伝統なるものが大きな岐路に立たされていました。すなわち、先祖から永々と受け継がれた「伝統的なるもの」が戦後のあまりに急速な社会構造の変化に追いつかず、どんどん勃興してくる新しい文化や価値観に翻弄され、古くさくて京都弁で言うところの「辛気くさいもの」と扱われ、特に歌舞伎は急速に大衆の支持を失い映画やテレビにその地位を取って代わられました。その現状に危機感を持った当事者の多くは、何とか世の波に追いつこうと新作、新解釈、革新、改革等々の冠を付けただけの内容浅薄なる、所謂「新しいもの」を創作することに多くの時間を費やしました。もちろん、その中からも後世に残る優れた作品が千に一つ、否や、万に一つ生まれたかも知れません。しかし、そのほとんどは深く奥行きのある厚い古典の壁を越えることはできずに消えていきました。私たちが現在生きている世の中全てのものが、有史以来人類が育んで積み重ねてきた文化の最終辺縁であり、その長く尊い伝統を重んじ、歴史を繰り返し繰り返し勉強することによって初めて出発点に立つことができるものであると思います。

歌舞伎は長く退屈なものとよく言われております。確かにそうかも知れません。しかし、それは序幕から幕切まで、目に入るもの耳から聞こえてくるもの全てが我々を感動させてくれるべきものだという誤解から生じていることであります。歌舞伎に限らず、クラシックのコンサートやオペラを鑑賞するにあたっても、三時間、四時間の上演時間中、始終脳に刺激を与えられ琴線に触れ続けるなどということは禁断の麻薬を常用していない限り不可能なことであります。例えば、吉右衛門先生の「熊谷陣屋」での「制札の見得」で、熊谷が三段中央に、相模と藤の方が平舞台に左右に分かれて山形絵面に決まるその刹那、出家した熊谷が舞台七三で「十六年は一昔、夢だ夢だ」と我が子を手に掛けなければならなかった世の無常を万感胸に迫って吐露する幕切、この二つのクライマックスで初めて脳髄に刺激物質が伝達され、感動、感激満たすものなのであります。しかるに、それまでの一時間を超す冗漫な時間は、ひと際その瞬間をいかに際立たせるかという目的のために費やされるべきものであります。満天漆黒の夜空に一点、稲妻が煌めき、雷鳴轟くがごとく、全てはその一瞬をいかに完全に爆発させるかにあります。ただ、この刹那の宝石は何十年と修業を積み、繰り返し繰り返し技術を鍛錬し、伝統ある古典の神様を味方につけた者にしか手にすることのできないご褒美のようなものであります。

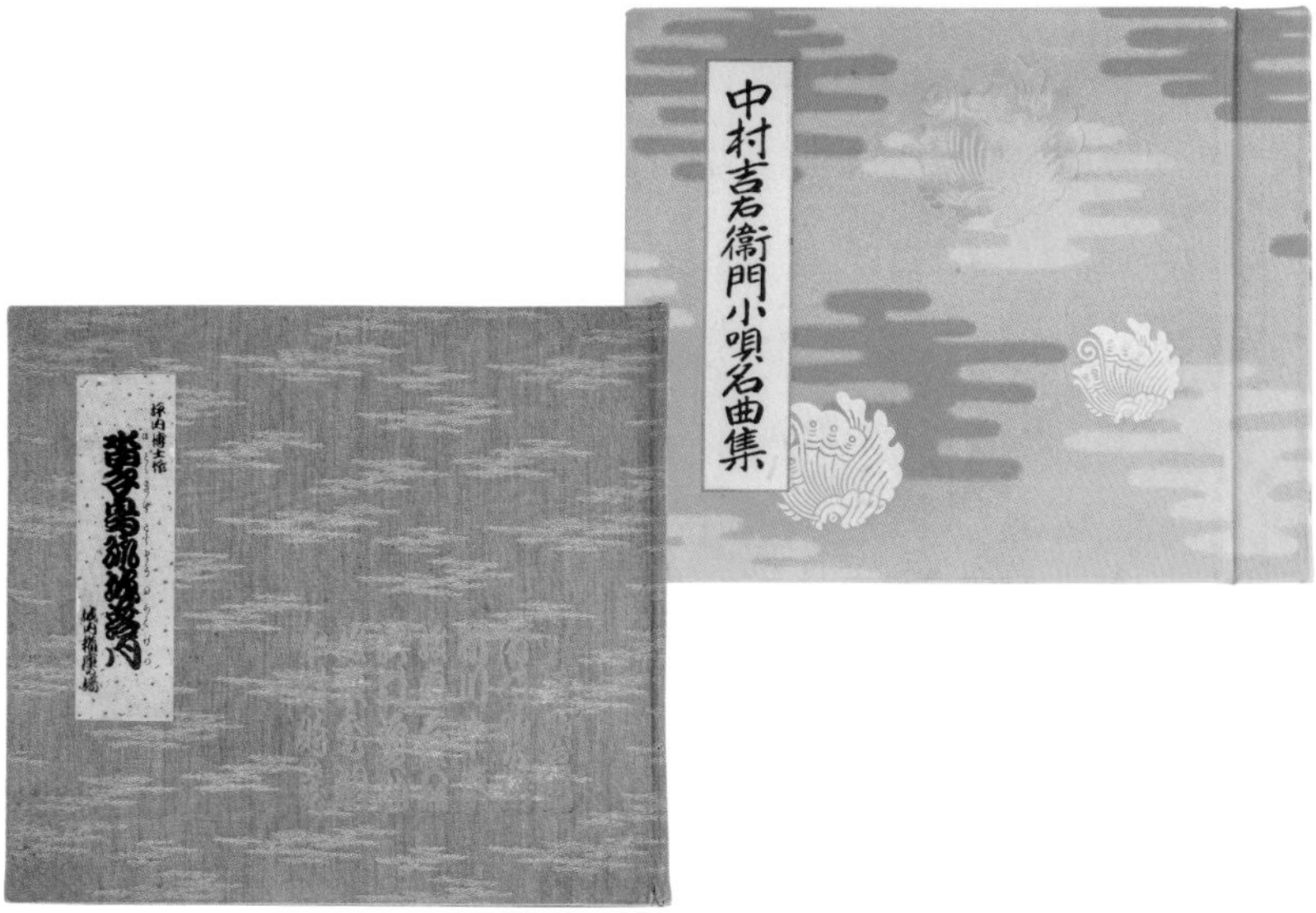

# 22

# ステーキは、ヴェルディ・バリトン

皆さまの食べ物のイメージのなかで、「ステーキ」という言葉は、「御馳走」、「高級」、「上等」、「余所行き」等々、ありとあらゆる料理のなかで、お誕生日や記念日などの特別な日に奮発していただくという、いわば、食べ物のヒエラルキーの最高位に位置するものではないでしょうか。

しかしながら、お肉の等級の優劣、料理法など、そのものが単純なだけあって、かえって、出来栄えは千差万別。それこそ、ピンからキリまで、これほど良し悪しがはっきりするお料理も他にございません。

近頃では、カウンターの客席の前に鉄板を設える鉄板焼きステーキが流行りとなっております。目の前で一からお肉を焼き上げるわけですから、スペクタクルな要素も加味され、自然と期待が膨らみます。

私自身は、出来上がりがお皿に盛られたステーキをナイフ、フォークを使い、食べやすい大きさに切っていただく、従来の形の方が好みでございます。

全国ステーキの名店が目白押しのなか、我が京都で一番と言えば、迷いなく、私は「ステーキハウス祇園ゆたか」さんを、お薦め申し上げます。いま、銀座辺りで予約の取れない店として有名な「かわむら」さんや「銀座ひらやま」さん、同じく祇園では、「ステーキ二教」さんや、「ステーキハウス新吾」さんも、皆、このお店の別家でございます。とにかく、私の子どもの頃より、この「祇園ゆたか」さんの名声は、京都のみならず、お江戸まで鳴り響いていたものであります。他所さんのステーキハウスを三倍か五倍は優に超えるお値段で、お一人五万円は下らないという、当時としては、超弩級の高級店であり、ありとあらゆる有名人やＶＩＰが足繁く通われました。京都は和食の都のイメージがございますが、元々、京都人は牛肉が大

# 22

好きでございます。例えば、東京では、カツレツと言えばとんかつを指しますが、京都で「カツ」と言えば、普通、ビフカツを指します。

私も若いころは、脂の乗ったサーロインやロースを好みましたが、五十歳を越すと、その脂っこさには、少し負担を感じるようになりました。この頃は、もっぱらテンダーロイン、所謂ヒレ肉を注文いたします。一口目は、何か味が薄いようで、物足りなく感じますが、噛むほどにあっさりとした旨味が現れ、二口目、三口目と、その味わいが重なり、段々と奥深い味わいが生まれます。三分の二を過ぎると、いよいよ「お肉は、やっぱり美味しいなあ」という実感が湧いてまいります。食べ終わった後も、お肉独特の過剰なる満腹感は存在せず、あくまでも、「ああ、美味しかった。もう少し、食べられるかな」という、高揚感が生まれます。こういう感覚は、本当に厳選され、最高の技術で調理なされた最高のステーキをいただいたときにだけ生まれる満足感であります。

例によって音楽に喩えますと、私の大好きなオペラ、ことに、ヴェルディ作曲による中期の傑作「リゴレット」「椿姫」「イル・トロヴァトーレ」を鑑賞した時の感動と共通するものであります。この中期の傑作群は、本来の主役であるヒロインのソプラノ、ヒーローのテノールと同じくらい、本来は脇役、敵役であるバリトンを歌う歌手が三つ巴となって大活躍をいたします。ことに、「イル・トロヴァトーレ」のルーナ伯爵などはその最たるもので、カラス、デル・モナコに対するバスティアニーニなどは、その代表であります。一本筋が通った腹の底から性根を捉えた歌劇場全体に鳴り響く美声は、まさに独壇場でありました。かと言って少しも押し付けることがなく、微塵のしつこさも暑苦しさもない、という点において、この「祇園ゆたか」さんのステーキを連想させるところとなります。

# 23

## 重厚なる透明感

私はこよなくオペラを愛します。ことに、ヴェルディのオペラにはいつも心躍らされます。それほど、ヴェルディの旋律は、人間の魂を揺さぶる情熱と躍動感に溢れたものばかりであります。大抵のオペラと言いますと、ヒロインがソプラノ、ヒーローがテノールとなって高音域を歌う歌手が主役となります。したがって、中低音を歌う、メゾソプラノ、バリトン、バスはどうしても脇役扱いとなってしまいます。しかし、ヴェルディのオペラでは、メゾソプラノやバリトンが大変重要な役どころを持ち、主役をも凌ぐ名アリアが用意されております。ゆえに、ソプラノ、テノール、メゾソプラノ、バリトンがまさに四つ巴となって、めくるめく旋律を歌い上げます。ソロ、デュエット、カルテットが完璧なまでに構成され、ヴェルディが歌劇王、神様とまで言われる所以はここにあります。

バリトンは、普通、華やかさはなく、所謂脇役になりがちですが、ヴェルディは思い切ってこのバリトンの役(「リゴレット」のタイトルロール、「イル・トロヴァトーレ」のルーナ伯爵等々)を主役に据え、それこそ大傑作を後世に遺しております。この役々を歌うには、地味であっても華やかさは失わず、凛と張り詰めた輝かしい透明感のある美しい中低音が不可欠であります。

これを俗にヴェルディ・バリトンと呼び、明らかに他の作曲家のバリトンとは区別した独特のスター性と美声が必要とされてきました。マリア・カラスの黄金時代ヴェルディ・バリトンの帝王と呼ばれたエットーレ・バスティアニーニがその代表であります。次の世代では、ピエロ・カプチルリが第一人者だと思いますが、バスティアニーニこそ、唯一無二のヴェルディ・バリトンの最高峰だと強く確信いたしております。

先日、東京三田の「コート ドール」さんへ伺い、名物の牛

テールの煮込みを頂きました。その一皿はまさにバスティアニーニのトロヴァトーレのアリアの如く、どこまでも重厚なのですが、くどさは微塵も無く、そこには底知れぬ透明感が漂います。こういったものがフランス料理の、それも古典的な一品である煮込み料理にも、このような味わいがあるものなのかと、日本料理人の私は愕然といたしました。

　最初の一口から最後まで、味わえば味わうほど奥行きのある豊かな味わいが表出いたします。そのとき斉須シェフにお目にかかりましたが、シェフの私を見る瞳は、少しの陰りもなく透明に輝いておられ、私の拙い料理論を読んでいただいたらしく、そのことについて手を握りながら熱く意見を申されました。まさしくその瞳の持つ透明感とお料理の透明感が完全に合致していたのであります。末期がん、余命半年の時にバスティアニーニの歌ったヴェルディのトロヴァトーレ「君の微笑み」と、この牛テールの煮込みは、私が生涯忘れることのない清らかな印象を心に残してくれました。

　斉須シェフのストイックな、言わば仙人と呼ぶにふさわしい料理三昧の人生を歩まれた道がこの一皿のなかに執念として凝縮されております。数ある名店、逸品のなかでも決して外すことのできない日本を代表するお料理であります。帰り際、斉須シェフは「浜作さんも、毎日板場に欠かさず立たれておりますことに敬意を表します。あなたが書かれた、和食にグローバル化の必要はない、という論説、私は百パーセント同意いたします。和食にはグローバル化など、全く必要ないものであります」と、固く握手をさせていただきました。

　私にとり、心洗われるお食事とシェフのお言葉でございました。

COTE D'OR

# 「浜作」主人のこと

京都造形芸術大学 教授　田口章子

平成十三年から令和元年まで、十九年 八坂鳥居前 三代目本店の総ひのきカウンター。

「千人のうち三人のご贔屓のお客様さえ獲得できれば、商業的にも料理屋としてやっていけて、かつ、自分の思う料理の世界観からはずれることはない」。「浜作」主人は、独特な人物である。京都人には珍しく、自分の信ずるところをストレートに発言する。心酔している多くのファンがいるのもうなずける。

「浜作」は、「古都乃味　日本の味　浜作」と文豪川端康成を魅了した日本料理の名店。昭和二年（一九二七）、初代森川栄によって創業された日本初の板前割烹の料理屋である。

板前割烹というのは、客の目の前で新鮮な素材と板前の技をウリにする料理法だ。カウンター割烹の先駆けとして一世を風靡したのは、料理人が前に出てきて、客の注文に応じ、割烹仕事の手の内を披露したからだけではない。その魅力は主人と客とがやりとりをするところにある。料理の話をするだけが料理屋ではない、掛け合いこそがカウンターの値打ちなのだ。カウンタースタイルは今では一般的になっているが、これが板前割烹の本流であることを主人は教えてくれる。

二十年前、不安をかかえ東京から京都へやってきた私が、本来の「京都」を知っていくのも、食のスタイル革命をおこした「浜作」のカウンター料理文化に負うところが大きい。ほんものの京都人に出会ったことで、京都がこわくなくなった。東京人が思っている京都とは違うことばかりだ。

「薄味こそ、京風の一番いいものと思っている人はまだまだ京都人ではない」

「〈昔はよかった〉の塊の町が京都、その価値観は今の京都にはない」

「京都、京都といっている人が京都をつぶす」

京都のなくなりつつあるものを「浜作」をみながら、ほんものとは何かを学び続けている。

「浜作」主人の魅力は、目の前の客が提供するどんな話題にも耳を傾け、相手の興味を盛り上げるところだ。オペラ、歌舞伎、文楽、能、日本画、洋画、陶芸、映画、音楽、文芸、相撲などなど、知らないことはないと思わせる博覧強記の博識である。造詣の深さは専門家も一目置く。表面的な知識ではなく、実践的経験に裏打ちされているから説得力をもつ。気骨ある批判精神は痛快で、啓発される。

あらゆる客と掛け合いができるのは、初代が京都の花街を代表する祇園町という場所に創業したことが大きかったかもしれない。最新の板前割烹に飛びついたのは花柳界のお客さん。すなわち、室町や西陣をはじめとした地元の旦那衆、東京や大阪の財界、政界、文芸界、映画界の人たちが出入りしていた。それなりのスタイルを持った厳しい目の客が多かったのである。カウンターを挟んで、主人と客との一本勝負。緊張感をもって対峙することで、互いが成長していく。

三代目も祇園町という文化土壌に育まれた人である。板前割烹の本道を歩みながら、料理屋主人としてのアイデンティティが注ぎ込まれた。五十五歳という若さで卓越した技能者におくられる「現代の名工」に選ばれ、名実ともに文化人となった。「和して同ぜず」の精神でぶれることなく、自ら包丁をにぎり自分の思う日本料理の世界を体現している。

# うつわのご紹介

料理の味を更に引き立ててくれる彩りのある器。
盛りつけに登場した美術品級の器を、
作品名並びに作家をご紹介します。

P19
❶ 河井寛次郎造　辰砂梅鉢茶碗
❷ 河井寛次郎造　水色海鼠鉢
❸ 河井寛次郎造　海鼠釉六角小皿

P17
❶ 河井寛次郎造　籐手付き辰砂鉢
❷ 仏 時代サン・ルイ　リキュールセット
❸ 河井寛次郎造　黄彩丸皿

P22
❶ 富本憲吉造　色絵白雲悠々字皿

P21
❶ 竹内栖鳳画第１回文化勲章受章記念
朱塗金彩菖蒲絵大盆
❷ 永楽妙全造　染付葉皿

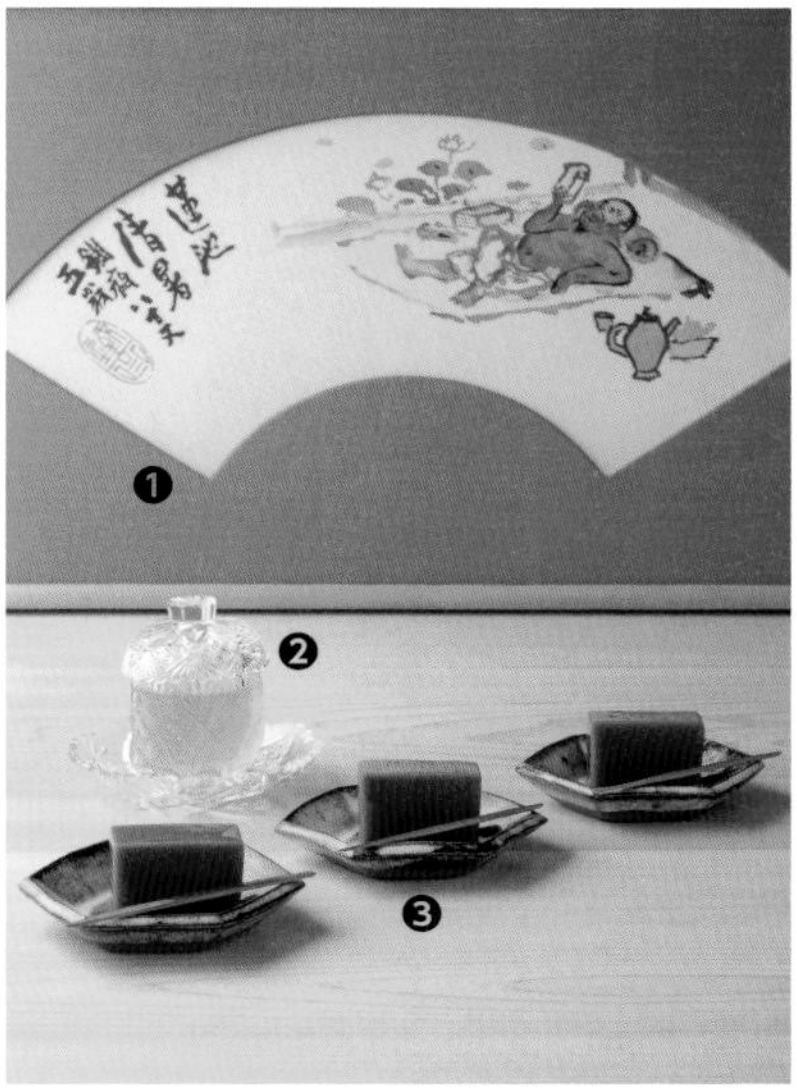

P40

❶ 富岡鉄斎画　『蓮池清暑』扇面額
❷ ギヤマン　小吸い物・茄子形椀
❸ 河井寛次郎造　海鼠釉亀甲皿

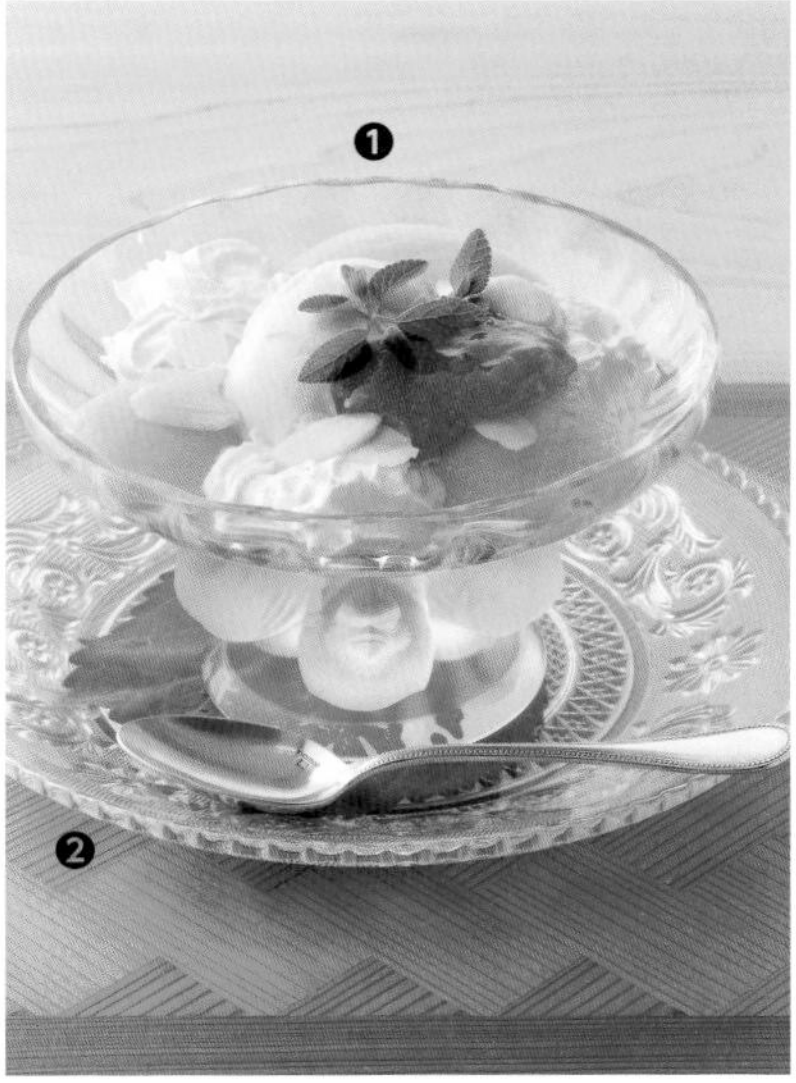

P39

❶ 仏 ルネ・ラリック製　馬上杯
❷ 仏 バカラ　レース紋皿

P46

❶ 独 マイセン製　ブルーオニオン透かし絵飾皿
❷ 独 マイセン製　葉形小鉢
❸ 英 マッピン＆ウェッブ製　ロックグラス

P45

❶ 欅地拭漆轆轤挽き丸縁高
❷ 河井寛次郎造　大湯呑
❸ 仏 ルネ・ラリック製　小鉢

P51
❶ 古染付八角皿
❷ 京 PONTE製　ガラス蓋置

P50
❶ 叶松谷造　赤絵小吸物椀　❷ 諏訪蘇山造　貝形手塩
❸ 高橋道八造　赤絵鉢　❹ 古伊万里　染付四方皿
❺ 永楽即全造　浅黄交趾白波皿
❻ 魯山人造　手付き志野小鉢
❼ 三浦竹泉造　染付箸置　❽ 一閑張折敷

P60
❶ 河井寛次郎造　鉄砂四方食籠
❷ 河井寛次郎造　六角花絵向付

P53
❶ 網代食籠
❷ 永楽即全造　浅黄交趾小皿

P63
❶ 永楽即全造　交趾鶴首酒器
❷ 輪島塗　稲穂絵煮物椀
❸ 永楽即全造　仁清倣鶴の巣籠向付
❹ 永楽即全造　交趾熨斗形箸置
❺ 輪島塗　松唐草折敷

P61
❶ 河井寛次郎造　練上鉢
❷ 河井寛次郎造　黒釉片口鉢

P69
河井寛次郎造　辰砂菱形大食籠

P64
❶ 仁阿弥道八造　絵替わり土器
❷ 平安象彦造　朱塗祝儀盆

P 78

❶ 清朝　時代手提食籠
❷ 清朝　時代桃絵菱小皿

P 75

❶ 仏 エルメス製　金箔トレイ
❷ 独 マイセン製　ジャムポット
❸ オールドバカラ　小箱
❹ 墺 アウガルテン製　ティーセット

P 92

❶ 清水六兵衛造　絵高麗茶碗
❷ 永楽妙全造　絵馬形手塩
❸ 独楽盆

P 85

❶ 仏 バカラ製　クリスタル鉢
❷ 永楽即全造　呉須赤絵鉢

P95

仏 ルネ・ラリック製　コキーユ大鉢

P93

❶ 水族館　銀彩青海波造り鉢
❷ 河井寛次郎造　花絵四角小皿

P103

❶ 藤田喬平造　ベネチア徳利
❷ 魯山人造　緋襷備前角皿
❸ 三嶋りつ惠造　猪口
❹ 永楽即全造　角海老小付
❺ 河井寛次郎造　小判皿
❻ 三浦竹泉造　魚形箸置

P102

❶ 鎌倉彫　捻梅盆
❷ 50年使い続け摩耗した銅製下ろし金

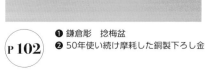

P110
❶ 永楽即全造　仁清倣麦藁茶碗
❷ バーナード・リーチ造　絵替わり皿

P109
❶ 永楽即全造　小皿いろいろ
❷ 仁阿弥道八造　道八徳利
❸ 古伊万里　猪口

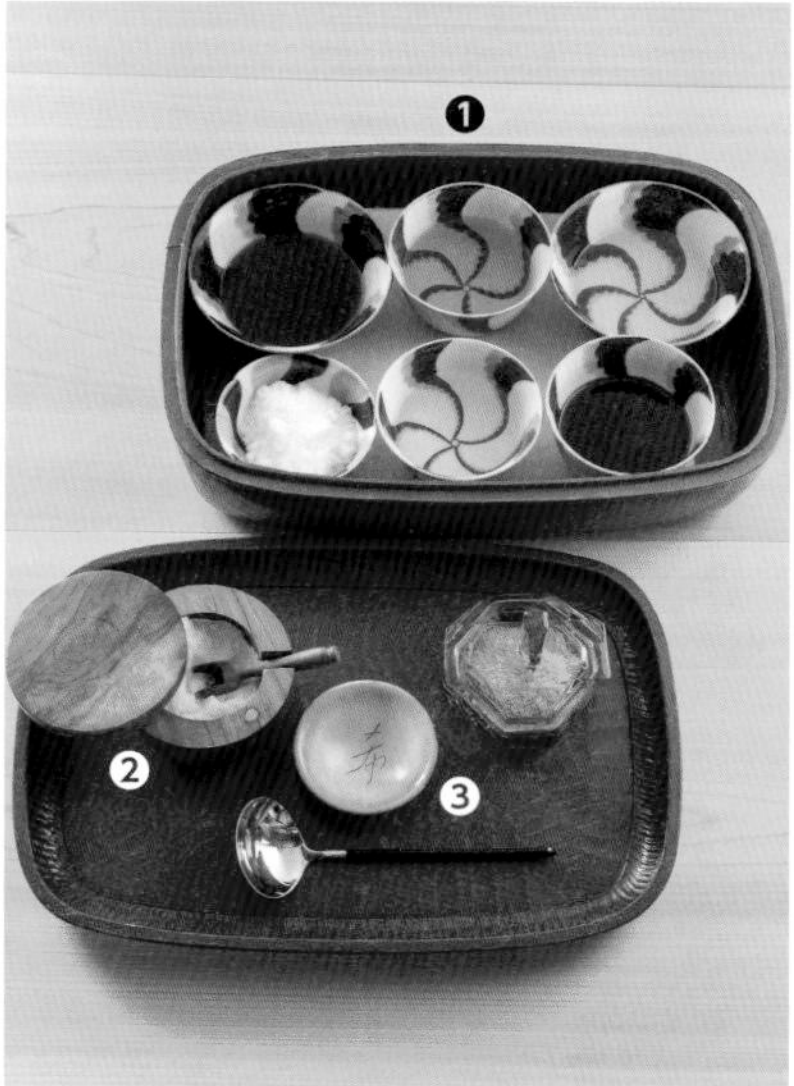

P113
❶ 初代より使われている調味料入れ
❷ チェリーテラス製　ソルトポット
❸ 八木一夫造　桑原武先生筆氏古希記念杯

# 掲載店舗一覧

| | | |
|---|---|---|
| 1 | 赤トンボ（サンドウィッチ） | 中央区日本橋2-4-1 日本橋髙島屋B1 |
| | 吉野鯗《すし》（箱寿司） | 大阪市中央区淡路町3-4-14 |
| 2 | 御ちまき司　川端道喜《かわばたどうき》（粽） | 京都市左京区下鴨南野々神町2-12 |
| | 村上開新堂（オレンジゼリー） | 京都市中京区常盤木町62 |
| | 辻留《つじとめ》（折詰弁当） | 京都市東山区三条大橋東入三町目16 |
| 3 | 銀座天國《てんくに》（B丼） | 中央区銀座8-11-3 銀座天国ビル |
| | 点邑《てんゆう》（天ぷら） | 京都市中京区麩屋町三条上ル下白山町299 |
| 4 | レストラン香味屋《かみや》（メンチカツ） | 台東区根岸3-18-18 |
| | 萬養軒《まんようけん》（パリソワーズ） | 京都市東山区祇園町南側570-120 花見小路四条下ル |
| 5 | 甘泉堂《かんせんどう》（水羊羹） | 京都市東山区祇園町344-6 |
| 6 | 銀座寿司幸《すしこう》本店 | 中央区銀座6-3-8 |
| | トアロードデリカテッセン | 神戸市中央区北長狭通2-6-5 |
| 7 | ウェスティン都ホテル京都（本文／都ホテル）（和定食） | 京都市東山区三条蹴上 |
| 8 | パティスリーエス | 京都市下京区高辻室町西入繁昌町300-1 カノン室町四条1F |
| 9 | 嵯峨豆腐森嘉《もりか》 | 京都市右京区嵯峨釈迦堂藤ノ木町42 |
| 11 | 大市《だいいち》（すっぽん鍋） | 京都市上京区下長者町通千本西入六番町 |
| | 虎屋（おこわ） | 京都市上京区烏丸通一条角広橋殿町415 |
| 12 | シュタウト（ジャム） | 明治屋各店にて購入可能 |
| 13 | 竹香《たけか》（春巻） | 京都市東山区新橋通花見小路西入橋本町390 |
| 14 | 明神下神田川本店（鰻蒲焼） | 千代田区外神田2-5-11 |
| 15 | 近江屋洋菓子店（フルーツポンチ） | 千代田区神田淡路町2-4 |
| 16 | かね正《しょう》（お茶漬け鰻） | 京都市東山区大和大路通三条下ル二丁目新五軒町192 |
| 17 | ざくろ（トマトサラダ） | 港区赤坂5-3-1 赤坂Bizタワー SHOPS & DINING 2F |
| 18 | いづ萬（御所小袖） | 京都市東山区新橋通大和大路東入3丁目林下町432 |
| | かいや（焼きとうし） | 神戸市兵庫区本町1-4-16 |
| 19 | ぽん多（カツレツ） | 台東区上野3-23-3 |
| 20 | 鮒佐《ふなさ》（佃煮） | 台東区浅草橋2-1-9 |
| | 神宗《かんそう》（塩こぶ） | 大阪市中央区高麗橋3-4-10 |
| 22 | Steak House ゆたか | 京都市東山区祇園町南側 |
| 23 | コートドール（牛テール煮込） | 港区三田5-2-18 三田ハウス1F |

# あとがき

本を書くことは冒険である。
はじめは単なる玩具であり、娯楽となる。
それから片時も離せぬ愛人となり
やがては主人となって従わざるを得なくなり
それから手のつけられぬ暴君となる。
最後の最後になって、暴君の奴隷の境遇から解放され
己の中に在るモンスターを殺し
公衆の面前に引き出すことができるのだ。

これは、英国の名宰相でありながら『第二次大戦回顧録』などでノーベル文学賞を受賞したウィンストン・チャーチルのユーモア溢れる名言であります。

そもそもの始まりは、旧知の名編集者である民輪めぐみ様が思いがけず「料理王国」の編集長におなりになりました。元々美術・芸術書が専門だった彼女は料理に関しましても造詣が深く一家言をお持ちでした。間もなく、「森川さん、今度うちの雑誌でなにか連載なさっていただけませんか」とお声をかけていただき、少し突拍子もない発想で私が大好きな食べ物とこれまた私の大好きな音楽を組み合わせたエッセイを毎月寄せることに致しました。

二〇一五年四月から丸二年、二十四回続けさせていただきました。皆様ご案内の通り、私は作家でも文筆家でもありません。料理人でございます。それまで料理本や浜作のことをつづりました二冊の本を上梓してはいるものの、毎月締切日が厳格な雑誌の連載は、とてもプレッシャーがかかる難行でございました。

いつも締め切りぎりぎりに発破をかけられ、なんとか続けさせていただきました。

幼少期から大学生のころまで我が京都は学都と呼ばれ、京都大学をはじめ多くの大学が割拠し、新刊書を扱う老舗書店や古

書店が軒を並べ、読書好きには魅力溢れる街でございました。

ところが、昨今では有名書店が次々と無くなり、寂しい限りとなりました。

しかしながら、その中で唯一気を吐いておられるのが大垣書店であります。古くからの親しいお友達である社長の大垣守弘様は、お父様から跡を継がれ、家業を隆盛に導き、今や京都最大の、ひいては日本有数の規模を誇る一大グループをお作りになられました。実に頼もしい誇るべき友人のお一人であります。

その大垣様がこの連載をお読みになっていたそうで、「森川さん、せっかく二年間なさったのですからこれを一冊の本になさってはどうですか。そうしないともったいない。ちょうどうちに出版部ができましたのでそこでやりましょう」と有難いお言葉をかけていただきました。

そこで、大垣書店社長の全面的なご協力のもとに、編集者の代表である平野篤様のお知恵を借りこの本を作ることになりました。

連載では、料理はイラストでご紹介させていただきましたが、今回はすべて写真で新規に撮り直し、より料理の実感をお伝えすることができました。


まことに勿体無いことでございますが、私が心から尊敬申し上げる大先達の細川護熙先生、人間国宝中村吉右衛門先生、檀ふみ様の御三方に身に余るまた心温まる文章を寄せていただきましたことは、三代の浜作が最も誇りといたすところでありまます。ここに改めて厚く御礼申し上げる次第でございます。

この度の掲載に際しまして、取材に快くご協力くださったお店の皆様方に深く、不肖私のことを文章でご紹介くださった田口章子先生にも心から感謝申し上げます。

また、大垣守弘社長をはじめ、一方ならぬご配慮、ご指導をいただきました平野篤様、西野薫子様、ニューカラー写真印刷の山本哲弘様、デザインの今西久様、一番肝心となる写真を見事に撮っていただきましたカメラマンの塩崎聰様、鈴木一彦様、大道雪代様、そして関わってくださいました全ての方々に心から御礼申し上げる次第にございます。

読者の皆様方には、ご高覧いただきましたこと、重ねて御礼申し上げます。

三代目浜作主人　敬白

## 著者紹介

**森川裕之**（もりかわ　ひろゆき）

日本最初の板前割烹「京ぎをん 浜作」三代目主人

河井寛次郎先生などの美術品に盛り付けられた料理の数々は、まさに名店の味として、揺るぎない風格を備えている。

平成二十九年、京料理界史上最年少で、国より「卓越した技能者（現代の名工）」に認定される。

はんなりとした京言葉は、たおやかに人に届くが、一たび相容れざる時には舌鋒鋭く一刀両断の、妥協を許さない熾烈さに溢れる。

多方面に造詣が深く、一例をあげると、学生時代、東京銀座は歌舞伎座で、役者へ的確に声を掛けるその様子に「大向こうの会」メンバーとして迎えられるといった程の筋金入りの歌舞伎ファンである。

特に音楽への造詣も深く、その博識ぶりは本書に余すところなく映し出されている。

## 著名について

名著の誉れ高いあらえびす（野村胡堂）氏の『名曲決定盤』に敬意を表して『名食決定盤』と致しました。

（森川）

## 浜作

女将　森川洋子
　　　武中貴代
　　　清水眞由美

秘書　山口智子

料理アシスタント
　　　安江洋造
　　　田辺敦子
　　　宇野彩花
　　　杉本佳世
　　　川田麗衣

## 協力

洋食器
[Antique Chocolat]
山根有美子


# 名食決定盤

令和二年四月八日発行

著　者　森川裕之
発行者　大垣守弘
発行所　株式会社大垣書店
　　　　京都市北区小山西花池町1―1
印　刷　ニューカラー写真印刷株式会社
写　真　塩崎聰
　　　　鈴木一彦
　　　　大道雪代
　　　　浅井憲雄
デザイン　今西久
編　集　平野篤
　　　　山本哲弘
　　　　西野薫子




Printed in Japan
ISBN978-4-903954-23-3 C0095